TravelWise

PORTUGUESE

José A. Palma Caetano

Adapted by **John J. Nitti, Ph.D.**

BARRON'S

English translation © Copyright 1998 by Barron's Educational Series, Inc.

© Ernst Klett Verlag GmbH,
Stuttgart, Federal Republic of Germany, 1992
The title of the German book is *Reisewörterbuch Portugiesisch*

English version translated and edited by
Professor John J. Nitti, University of Wisconsin

All inquiries should be addressed to:
Barron's Educational Series, Inc.
250 Wireless Boulevard
Hauppauge, NY 11788
http://www.barronseduc.com

Library of Congress Catalog Card No. 97-48406

International Standard Book No. 0-7641-0386-5 (book)
0-7641-7111-9 (complete package)

Library of Congress Cataloging-in-Publication Data

Caetano, José A. Palma.
    [Reisewörterbuch Portugiesisisch. English & Portuguese]
    Travelwise Portuguese / José A. Palma Caetano ; English version by
John J. Nitti.
        p. cm.
    English and Portuguese.
    ISBN 0-7641-0391-1 (book).—ISBN 0-7641-7111-9 (book/cassette pkg.)
    1. Portuguese language—Conversation and phrase books—English.
I. Nitti, John J. II. Title.
PC5073.C24   1997
469.8'3421—dc21   97-48406
                                                                    CIP

Printed in Hong Kong
98765432

Contents

Preface

TravelWise Portuguese is a guide to both comprehension and conversation in Portuguese. By using it you will not only acquire a series of useful words and phrases, but, more importantly, you will learn how to understand and be understood.

The most commonly heard expressions are provided for everyday situations you will encounter during your travels. These are structured as dialogues, so that you not only learn what to say, but will also understand the corresponding responses.

TravelWise Portuguese is divided into eleven topical units, which accompany you through every phase of your travel: your arrival, checking into a hotel, at the beach, and even a meeting with business associates.

With the help of phrases and word lists, as well as the additional glossary provided at the end of the book, you can readily adapt the sample sentences to your own individual, real-life situations.

The following Pronunciation Guide and the Short Grammar toward the back of the book will help familiarize you with the sounds and constructions of the Portuguese language, while pictures and useful tips provided throughout the book will help you better appreciate the special cultural features and natural scenic attractions of Portugal. In addition, to help facilitate your communication while traveling in Brazil, a number of Brazilian words and expressions that differ from their Portuguese counterparts are provided and flagged with the abbreviation *Br.*

Pronunciation

In normal conversational Portuguese, words are not pronounced individually, but rather are bound together into phonetic phrases or breath groups, i.e., a series of speech sounds bounded by pauses. Many of the sounds of Portuguese are thus modified under the influence of surrounding sounds within the same breath group. For example, an unstressed vowel at the end of a word (word-final) is often elided with a vowel at the beginning of the following word (word-initial). Likewise, letters may be pronounced differently depending on where they occur in a word or breath group, i.e., on what sounds precede and/or follow them.

A major difference between the pronunciation of Continental and Brazilian Portuguese results from the fact that in Brazil both stressed and unstressed vowels tend to be pronounced more clearly than in Portugal. This is principally because Brazilian Portuguese syllables— both *stressed* and *unstressed*—are of roughly the same length, whereas the *unstressed* syllables of Continental Portuguese are greatly shortened and, in fact, seem often to not be pronounced at all. Something similar happens to the unstressed vowels of American English that are usually pronounced something like **[uh]** or **[ih]**, as in the normal pronunciation of the **i** in *compatible*.

The Letters and Corresponding Sounds of Continental Portuguese

Portuguese has 23 basic letters (24, including the **ç** [*c-cedilha*]) and 5 digraphs, or two letters representing one sound.

a　when stressed, is like the **a** in *spa* or the **o** in *hot*; when unstressed or when stressed and followed by an **m** or **n**, is like the **o** in *other* or the **u** in *butter*.

b　is like the **b** in *berry*.

c　when followed by **a**, **o**, or **u**, is like the **ck** in *tack*; when followed by **i** or **e**, is like the **s** in *sap*.

ç　is like the **s** in *sap*.

ch　is like the **sh** in *sheet*.

d　is like the **d** in *bad*, except when between vowels (intervocalic), where it is more like the **th** in *father*.

e   when stressed has two pronunciations: 1) a so-called "open" variety, which, depending on the syllabic stress pattern of the word (see **Accent Marks** below), may appear with an acute accent (**é**), is like the **e** in *bet*; and, 2) a so-called "closed" variety, which, likewise depending on syllabic stress, may appear with a circumflex accent (**ê**), is like the **ai** in *bait*; the unstressed **e**, which has no exact equivalent in English, is similar to the **i** in *bit*.

f   is like the **f** in *ferry*.

g   is like the **g** in *go* when followed by **a**, **o**, or **u**, and is like the **s** in *treasure* when followed by **i** or **e**.

h   is always silent.

i   is like the **ee** in *bee*.

j   is like the **s** in *treasure*.

l   is like the **l** in *like*, except when word-final or before another consonant, where it is like the **ll** in *will*.

lh   has no exact equivalent in English but is similar to the sound of **li** in *million*

m   is like the **m** in *mother*, except when word-final or before another consonant, where it is not pronounced as the consonant **m**, but instead nasalizes the preceding vowel, e.g., **sim** [sĩ] "yes," **comparar** [cõparar] "to compare."

n   is like the **n** in *not*, except before another consonant, where it is not pronounced as the consonant **n**, but instead nasalizes the preceding vowel, e.g., **confessar** [cõparar] "to confess."

nh   has no exact equivalent in English but is similar to the sound of **ni** in *onion*.

o   when stressed has two pronunciations; a so-called "open" sound, which, depending on the syllabic stress pattern of the word (see **Accent Marks** below), may appear with an acute accent (**ó**), is like the **o** in *often*; and, a so-called "closed" sound, which, likewise depending on syllabic stress, may appear with a circumflex accent (**ô**), is like the **o** in *note*; when unstressed and also in one-syllable words such as the masculine (singular and plural) definite articles **o, os,** the **o** is pronounced like the **oo** in *boot*.

p is like the **p** in *cap*.

q is like the **q** in *quill*.

r has two sounds in Portuguese, neither of which has an exact equivalent in English: 1) when at the beginning of the word or when after **l**, **n**, or **s**, it represents the sound of the "digraph" **rr** described below; 2) when between vowels, at the end of a word, or before another consonant, it corresponds closely to the sound of **dd** in *ladder*.

rr appears only between vowels and has no sound equivalent in English. It is often described as *velar* or *uvulo-velar trill*, because it is "trilled" in the back of the mouth in a manner similar to the Parisian French "rolled" **r**. It sounds to the English-speaking ear very much like a strongly aspirated **h**. Note that this same sound is represented by the single **r** (see above) when word-initial and after **l**, or **s**, or **n**. This *velar or uvulo-velar* **r**, while the generally accepted norm in Lisbon and Rio de Janeiro, is pronounced by educated speakers elsewhere in both Portugal and Brazil in the front of the mouth in a manner not unlike the Spanish "trilled" **r**.

s is like the **s** in *sat* when word-inital before a vowel; like the **s** in *president* when between vowels; and, like the **sh** in *sheet* or the **s** in *measure* when followed by another consonant.

ss occurs only between vowels and is like the **s** in *sat*.

t is like the **t** in *cat*.

u is like the **oo** in *boot*.

v is like the **v** in *very*.

x is like the **s** in *sure* when word-initial or before another consonant, like the **x** in *xerography* when between vowels, and like the **x** in *excellent* in some foreign words borrowed into Portuguese, e.g., *(tele)fax*.

z is like the **z** in *crazy* when word-initial or between vowels, and like the **sh** in *crash* or the **s** in *measure* when word-final before a word beginning with another consonant.

Portuguese uses letters **k**, **w**, and **y** only in foreign proper names, e.g., *Franklin, Wagner, Byron*, and their derivatives, e.g., *frankliniano, wagneriano, byroniano*, or in abbreviations of international symbols, e.g., *kg* = quilograma "kilogram," *w* = watt, *yd* = jarda "yard," although the *y* may also be used in older spellings of native Portuguese proper names.

Accent Marks and Diacritics

Portuguese has the following accent marks and diacritics:

1. The **acute** (*o agudo*) is used:
   A. Over the *i* or *u* to show that these vowels are stressed, e.g., *ho-rrí-vel* "horrible," *a-çú-car* "sugar." Note that word-final *i* and *u* normally bear the stress and need no accent to show that (see below under **Syllable Stress**).

   B. Over the vowels *a*, *e*, and *o*, to show when they are "open" and/ or stressed, e.g. *lá* "there," *pé* "foot," *pó* "powder," or *ár-vo-re* "tree," *A-mé-ri-ca* "America," *au-to-mó-vel* "automobile."

2. The **circumflex** (*o circunflexo*) is used over the vowels *a*, *e*, and *o*, to show when they are "closed" and/or stressed, e.g., *mês* "month," *pôs* "he/she put," or *al-fân-de-ga* "customs (house)," *au-tên-ti-co* "authentic," *fô-le-go* "breath."

3. The **grave** (*o grave*) is used to indicate the merger of the preposition *a* "to" with a following feminine singular or plural definite article (*a, as*) or with the demonstrative pronouns *aquele(s), aquela(s), aquilo* "that," e.g., *à, às* "to the," *àquele(s), àquela(s), àquilo* "to that."

4. The **tilde** (*o til*) is used over the vowels *a* and *o* to indicate nasalization of those vowels, e.g., *lã* "wool." It occurs commonly in forming the nasal diphthongs **-ão**, **-ãe(s)**, and **-õe(s)**, e.g., *pão* "bread," *mãe* "mother," *põe* "he/she puts," *cães* "dogs," *pões* "you put." When in the absence of another accent mark in words of more than one syllable, the *til* also serves to indicate syllable stress, e.g., *in-di-ca-ções* "indications," but, *bên-ção*.

5. The **dieresis** or **umlaut**, as it is commonly called by Americans (*o trema*), which is employed systematically only in Brazil, may be found over the *u* in the syllables *gue, gui, que* and *qui* when the *u* is actually pronounced [w], e.g., *agüentar* "to tolerate," *argüição* "argument," *cinqüenta* "fifty," *tranqüilo* "tranquil." Throughout this book we have indicated the alternate Brazilian spelling of those words containing *ü*.

6. The **cedilla** (*a cedilha*) is placed below the *c* when followed by the vowels *a*, *o*, and *u*, to indicate that the *c* is pronounced like an *s* rather than a *k*.

Syllable Stress

In Portuguese words of more than one syllable the stress falls either:

1. On the **last syllable**, as in

*fa-**lar***	"to speak"
*be-**ber***	"to drink"
*par-**tir***	"to break"
*fe-**liz***	"happy"
*an-**nel***	"ring"
*fu-**nil***	"funnel"
*a-**qui***	"here"
*ta-**bu***	"taboo"
*fa-lar-**ás***	"you will speak"
*ca-**fé***	"coffee"
*pa-**tê***	"pâté"
*a-**vó***	"grandmother"
*a-**vô***	"grandfather"
*a-ma-**nhã***	"tomorrow"
*fa-la-**rão***	"they will speak"
*a-le-**mães***	"Germans"
*al-**guém***	"someone"
*pa-ra-**béns***	"congratulations"

Notice from the above sample words, all of which are stressed on the last syllable, that those not ending in **r**, **l**, **z**, or the vowels **i** or **u**, need written accent marks to indicate that stress. Note also that syllables containing the nasal diphthongs **-ão**, **-ães**, and **-ões** normally are stressed, and the *til* indicates that stress. When this is not the case, another accent mark appears in the word to show where the stress falls as well as the quality (whether "open" or "closed") of that stressed vowel, e.g., **bên**-*ção* (with the stress on the "closed" *ê*, rather than on the nasal diphthong). Likewise, the acute accent on *alguém* signals not only that the *é* is "open," but that it is stressed and diverges from the norm, whereby words ending in *-m* are stressed on the next-to-the-last syllable (see note to rule 2 below).

2. On the **next-to-last syllable**, as in

fa-la	"he/she speaks"
ca-ça	"hunt, game"
*a-bun-**dan**-te*	"abundant"
***mes**-mo*	"same"
*bra-si-**lei**-ro*	"Brazilian"
***ou**-vem*	"they hear"
***co**-mem*	"they eat"
***fa**-lam*	"they speak"
***fa**-las*	"you speak"
*am-bu-**lân**-cia*	"ambulance"
*si-**lên**-cio*	"silence"
***bên**-ção*	"blessing"
*a-**gên**-cia*	"agency"
*ba-**í**-a*	"bay"
*po-**lí**-cia*	"police"
*pro-**nún**-cia*	"pronunciation"
*pro-nun-**ci**-a*	"he/she pronounces"
***dú**-zia*	"dozen"
*ma-**ci**-o*	"soft"

Notice from the above examples, all of which bear the stress on the next-to-the-last syllable, that those not ending in the vowels **a**, **e**, and **o**, or the consonants **m** or **s**, need written accent marks to indicate that stress. Note also that in the suffixes *-ia* and *-io* the *i* of each normally bears the stress and therefore requires no accent mark, e.g., *pro-nun-**ci**-a* "he/she pronounces." When, however, the *i* does not bear the stress, an accent mark will appear elsewhere in the word to show which syllable is stressed, e.g., *pro-**nún**-cia* "pronunciation."

3. Or, on the **third-to-the-last syllable**, as in

***sá**-ba-do*	"Saturday"
***lâ**-mi-na*	"razor blade"
*in-stan-**tâ**-ne-o*	"instantaneous"
*A-**mé**-ri-ca*	"America"
***pê**-sse-go*	"peach"
***dí**-vi-da*	"debt"
*qui-**ló**-me-tro*	"kilometer"
*qui-**lô**-me-tro*	"kilometer" (*Br.*)
***pú**-bli-co*	"public"

Notice from these examples that the vowels of words that are stressed on the third-to-the-last syllable need written accent marks to flag that stress.

Some Common Portuguese Abbreviations

a/c.	ao cuidado de
ACP	Automóvel Clube de Portugal
Ap^{to}.	apartamento
Av.	avenida
B., B°.	beco
C., Calç.	calçada
CDS	Centro Democrático Social
cl.	classe
CP	Companhia Portuguesa de Caminhos de Ferro
CV	cavalo-vapor
d^{to}.	direito
Esc.	escudo(s)
esq.	esquerdo
GNR	Guarda Nacional Republicana
L.	largo
Lx^a.	Lisboa
n°.	número
P.	praça
PC	Partido Comunista
p.ex.	por exemplo
p.f.	por favor
PIC	Polícia de Investigação Criminal
PS	Partido Socialista
PSD	Partido Social-Democrata
PSP	Polícia de Segurança Pública
R.	rua
r/c	rés-do-chão
RN	Rodoviária Nacional
RP	República Portuguesa
Sr.	Senhor
Sr^a.	Senhora
TAP, tap	Transportes Aéreos Portugueses, Air Portugal

Abbreviations

adj	adjective	*adje(c)tivo*
adv	advérbio	*adverb*
art	artículo	*article*
Br	brasileiro	*Brazilian*
conj	conjunção	*conjunction*
def	definido	*definite*
dem	demonstrativo	*demonstrative*
dir	directo	*direct*
f	feminino	*feminine, female*
fam	familiar	*familiar*
for	formal	*formal*
indir	indirecto	*indirect*
interj	interjeição	*interjection*
m	masculino	*masculine, male*
neut	neutro	*neuter*
pers	pessoal	*personal*
obj	objecto	*object*
pl	plural	*plural*
poss	possessivo	*possessive*
prep	preposição	*preposition*
pron	pronome	*pronoun*
ref		*reflexive*
s-for	semi-formal	*semiformal*
sg	singular	*singular*
subj	sujeito	*subject*
v	verbo	*verb*

A Note Regarding the Vocabulary Lists and the Dictionary

Parentheses surrounding letters within a word indicate the spellings used in Portugal, but not in Brazil. Alternate Brazilian forms are flagged with *Br*.

In Portuguese, nouns ending in **o** are masculine, while those ending in **a** are almost always feminine. Therefore, in the vocabulary lists throughout this book, as well as in the accompanying glossary, only those words whose suffixes do not follow this pattern will be accompanied by their definite articles (**o/a/os/as**), or by the appropriate abbreviations (*f/m*), thereby revealing their gender.

1 The Essentials
Num relance

Frequently Used Expressions
Expressões que se ouvem com frequência

Yes.	Sim.
No.	Não.
Please.	Se faz favor.
Thank you. (*said by m/f*)	Obrigado/Obrigada.
What?	Como?
Obviously./Of course./Certainly.	Evidentemente.
Right!/I agree!	De acordo!
O.K./Okay.	O.K., Está bem!
Excuse me!/Pardon me!	Perdão!
One moment, please.	Um momento, se faz favor.
Enough!/Stop it!	Basta!
Help!	Socorro!
Who?	Quem?
What?	O quê?
Which?/What?	Qual?
To whom?	A quem?
Who?	Quem?
Where?	Onde?
Where is/are . . . ?	Onde está/Onde estão . . . ?
From where?	Donde?
Where to?/To where?	Para onde?/aonde?
Why?/For what reason?	Para quê? Porquê?
How?	Como?
How much?	Quanto?
How many?	Quantos/Quantas?

How long?	Quanto tempo?
When?	Quando?
I would like . . .	Queria . . .
Is there?/Are there?	Há . . . ?

Numbers/Measures/Weights
Números/Medidas/Pesos

0	zero
1	um
2	dois
3	três
4	quatro
5	cinco
6	seis
7	sete
8	oito
9	nove
10	dez
11	onze
12	doze
13	treze
14	catorze
15	quinze
16	dezasseis
17	dezassete
18	dezoito
19	dezanove
20	vinte
21	vinte e um

22	vinte e dois
23	vinte e três
24	vinte e quatro
25	vinte e cinco
26	vinte e seis
27	vinte e sete
28	vinte e oito
29	vinte e nove
30	trinta
31	trinta e um
32	trinta e dois
40	quarenta
50	cinquenta (cinqüenta)
60	sessenta
70	setenta
80	oitenta
90	noventa
100	cem
101	cento e um
200	duzentos
300	trezentos
1,000	mil
2,000	dois mil
3,000	três mil
10,000	dez mil
100,000	cem mil
1,000,000	um milhão
1st	primeiro
2nd	segundo
3rd	terceiro

4th	quarto
5th	quinto
6th	sexto
7th	sétimo
8th	oitavo
9th	nono
10th	décimo
1/2	um meio
1/3	um terço
1/4	um quarto
3/4	três quartos
3.5%	três e meio por cento
27°C	vinte e sete graus
–5°C	cinco graus negativos (centígrados)
1997	mil novecentos e noventa e sete
millimeter	milímetro
centimeter	centímetro
meter	metro
kilometer	quilómetro, *Br.* quilômetro
nautical mile	milha marítima
square kilometer	quilómetro (*Br.* quilômetro) quadrado
are	o are
hectare	o hectare
liter	litro
gram	o grama
kilogram	o quilograma
kilo	quilo
dozen	dúzia

Expressions of Time

Indicações sobre o tempo

Telling Time	**As horas**

What time is it?	Que horas são?
Could you (*for* & *s-for*) please tell me what time it is?	Pode dizer-me que horas são, se faz favor?
It's (exactly/more or less)	São (exactamente/mais ou menos) . . .
3:00	três horas.
3:05	três e cinco.
3:10	três e dez.
3:15	três e um quarto.
3:30	três e meia.
3:45	quatro menos um quarto/ um quarto para as quatro.
3:55	quatro menos cinco/cinco para as quatro.
One o'clock sharp (on the dot).	É uma hora em ponto.
It's noon (midday)/ midnight.	É meio-dia/meia-noite.
Is this clock (watch) right?	Este relógio está certo?
It's fast/slow.	Está adiantado/atrasado.
It's late/very early.	É tarde/muito cedo.
At what time?/When?	A que horas?/Quando?
At one o'clock.	À uma hora.
At two o'clock.	Às duas horas.
At around (at about) four.	Por volta das/pelas quatro horas.

In an hour.	Dentro de uma hora.
In two hours.	Dentro de duas horas.
Not before nine in the morning.	Não antes das nove da manhã.
After eight at night/ in the evening.	Depois das oito da noite/da tarde.
Between three and four.	Entre as três e as quatro.
How long?	Quanto tempo?
For two hours.	(Durante) duas horas.
From ten to eleven.	Das dez às onze.
Until five o'clock.	Até às cinco horas.
Since when?	Desde quando?
Since eight in the morning.	Desde as oito da manhã.
Half an hour ago.	Há meia hora.
Eight days ago.	Há oito dias.

Other Expressions of Time	**Outras indicações temporais**
about (around) noon	cerca do meio-dia
at night	de/à noite
at noon	ao meio-dia
at this time (hour)	a esta hora
during the day	durante o dia
during the weekend	durante o fim-de-semana
every half hour	de meia em meia hora
every two days	de dois em dois dias
every day	todos os dias
from time to time/ occasionally	de vez em quando
hour by hour/every hour	de hora a hora

20 Expressions of Time

in the afternoon	à tarde/à(de) tarde
in the morning/mornings	de manhã, pela manhã
last Monday	na segunda-feira passada
next year	no próximo ano, para o ano
now	agora
on Sunday/the weekend	no domingo/no fim-de-semana
per day/a day	por dia
per hour/an hour	por hora
recently	recentemente
shortly	em breve
sometimes	às vezes
soon	em breve
ten minutes ago	há dez minutos
the day after tomorrow	depois de amanhã
the day before yesterday	anteontem
this morning	hoje de manhã
tonight	hoje à noite
this week	esta semana
today	hoje
tomorrow	amanhã
tomorrow morning	amanhã de manhã
tomorrow night	amanhã à noite
(with)in 15 days	dentro de 15 dias
(with)in a week	dentro de uma semana
yesterday	ontem

Days of the Week

Monday	segunda-feira
Tuesday	terça-feira
Wednesday	quarta-feira
Thursday	quinta-feira
Friday	sexta-feira
Saturday	sábado
Sunday	domingo

Dias da semana

Months of the Year

January	Janeiro
February	Fevereiro
March	Março
April	Abril
May	Maio
June	Junho
July	Julho
August	Agosto
September	Setembro
October	Outubro
November	Novembro
December	Dezembro

Meses

Seasons

spring	primavera
summer	o verão
fall, autumn	outono
winter	inverno

Estações

Holidays	Feriados
New Year	Ano Novo
carnival (shrovetide)	o Carnaval
Mardi Gras (Shrove Tuesday)	Terça-Feira de Carnaval
Ash Wednesday	Quarta-Feira de Cinzas
Maundy Thursday	Quinta-Feira Santa
Good Friday	Sexta-Feira Santa
Easter	Páscoa
Easter Monday	Segunda-Feira de Páscoa
April 21 (Tiradentes Day)	*Br.* 21 de Abril (Dia do Tiradentes)
April 25	25 de Abril
May 1, May Day	primeiro de Maio
Corpus Christi	Corpo de Deus
National Feast Day (in Portugal) (June 10)	Festa Nacional (10 de Junho)
National Holiday (in Brazil) (September 7)	*Br.* Feriado Nacional (7 de Setembro)
October 5 (Declaration of the Republic)	5 de Outubro (Proclamação da República)
October 12	*Br.* 12 de Outubro (Senhora da Aparecida)
All Saints Day (November 1)	Todos os Santos (1 de Novembro)
November 15 (Declaration of the Republic)	*Br.* 15 de Novembro (Proclamação da República)

December 1 (Restoration of Independence)	1 de Dezembro (Restauração da Independência)
December 8 (Immaculate Conception)	8 de Dezembro (Imaculada Conceição)
Christmas supper	consoada
Christmas	o Natal
New Year's Eve	a passagem do ano

The Date   Datas

What's today's date?	Quantos são hoje?
Today is May 1st.	Hoje é o primeiro de Maio.
Tomorrow is May 2nd.	Amanhã são 2 de Maio.

Weather
O tempo

What's the weather going to be like today?	Como é que vai estar o tempo hoje?
We're going to have . . .	Vamos ter . . .
good weather.	bom tempo.
bad weather.	mau tempo.
variable weather.	tempo variável.
The weather is still good/bad.	O tempo continua bom/mau.
It's going to be hotter/colder.	Vamos ter mais calor/mais frio.
It should rain/snow.	Deve chover/nevar.
It's cold/hot/sweltering	Está frio/calor/abafado.
A thunderstorm/storm is approaching.	Aproxima-se uma trovoada/um temporal.

It's foggy/windy.	Está nevoeiro/vento.
It's sunny.	Está sol.
The sky is clear/overcast.	O céu está limpo/coberto.
What's the temperature today?	Quantos graus temos hoje?
It's 20 degrees. (Centigrade)	Estão 20 graus (centígrados).
How are the roads in . . .?	Como estão as estradas em . . .?
The roads are good/bad.	As estradas estão boas/más.
Visibility is only 20 meters/less than 50 meters.	A visibilidade é só de 20 m/menos de 50 m.

Word List: Weather

air	o ar
atmospheric pressure	a pressão atmosférica
barometer	barómetro, *Br.* barômetro
calm	calma
climate	o clima
cloud	a nuvem
cloudy	nublado
cold	frio
cold and damp	frio e (h)úmido
dawn	crepúsculo, alvorada
daybreak	crepúsculo, alvorada
depression	a depressão atmosférica
downpour	aguaceiro, chuva torrencial
drizzle	chuvisco
drought	seca
dry spell	seca
dusk	crepúsculo, o anoitecer
flood	a inundação, cheia
fog	nevoeiro
foggy	enevoado
freezing	regelo
frost	geada, regelo
gust (of wind)	rajada
hail	granizo

heat	o calor
heat wave	vaga de calor
high (pressure)	o anticiclone
high tide	a preia-mar/a maré cheia
hot	quente
hot spell	vaga de calor
ice	gelo
lightning	relâmpago, raio
low (pressure)	a depressão atmosférica
low tide	a baixãmar/a maré baixa
misty	enevoado
partly cloudy	pouco nublado
precipitation	as precipitações
rain	chuva
rainy	chuvoso
rainy season	a estação das chuvas
shower	aguaceiro
snow	a neve
to snow	nevar
snowstorm	a tempestade de neve
starry	estrelado
stifling heat	o calor sufocante
sun	o sol
sunny	de sol
sunrise	o nascer-do-sol
sunset	o pôr-do-sol
sweltering	abafado
temperature	temperatura
thaw	degelo
thunder	o trovão
twilight	crepúsculo, o anoitecer
unstable	instável
variable	instável
warm	quente
weather	tempo
weather forecast	as previsões do tempo
weather report (bulletin)	o boletim meteorológico
wet	molhado
wind	vento
wind intensity	a intensidade do vento

Word List: Colors

beige	bege
black	preto, negro
blue	azul
brown	castanho, *Br.* marrom
colored	de cor
dark	escuro
golden	dourado
gray	cinzento
green	verde
light	claro
lilac (colored)	lilás
maroon	castanho
monochromatic (of one color)	só de uma cor
multicolored (of several colors)	de várias cores
orange	cor-de-laranja
pink	cor-de-rosa
purple	roxo, violeta
red	vermelho, encarnado
reddish-purple	roxo, violeta
silver	prateado
turquoise	turquesa
violet	roxo, violeta
white	branco
yellow	amarelo

2 Making Contact
Contactos

Saying Hello/Introductions/Getting Acquainted
Saudação/Apresentação/Conhecimento

Good morning!/ Hi!/Hello!	Bom dia!
Good day!/ Good afternoon!	Bom dia!/Boa tarde!
Good afternoon! Good evening!/Good night!	Boa tarde!/Boa noite!
Hi!/Hello!	Olá!
What's your (*for & s-for*) name?	Como se chama?/ Como é o seu nome?
What's your (*fam*) name?	Como te chamas?
My name is . . .	O meu nome é . . ./ Chamo-me . . .
Let me introduce you (*for & s-for*) to . . .	Permita-me que lhe apresente . . .
Mrs. X.	a senhora D. X.
Miss X.	a menina X.
Mr. X.	o senhor X.
my husband.	o meu marido.
my wife.	a minha mulher.
my son.	o meu filho.
my daughter.	a minha filha.
my brother/my sister.	o meu irmão/a minha irmã.
my friend (*m*)/ my friend (*f*).	o meu amigo/ a minha amiga.
my associate (colleague) (*m*)/my associate (*f*).	o meu colega/ a minha colega.
How are you (*for & s-for*)?	Como está?
How are you (*fam*) doing?/How's it going?	Como é que vais/estás?
Fine, thanks (said by (*m/f*)). And you (*for/s-for/fam*)?	Bem, obrigado/obrigada. E o senhor/a senhora/você/tu?
Where are you (*for & s-for/fam*) from?	Donde é que é/que tu és?
I'm from . . .	Sou de . . .

Have you been here long?	Já cá está/estás há muito tempo?
I've been here since . . .	Estou cá há . . ./desde . . .
How long are you staying?	Quanto tempo vai/vais cá ficar?
Is it the first time you've come here?	É a primeira vez que cá vem/vens?
Are you alone?	Está/Estás só?
No, I'm with my family/passing through with friends.	Não, estou com a minha família/de passagem com amigos.
Are you (for/fam) staying at the Hotel Astoria/camping park too?	Está/Estás também no Hotel Astória/no parque de campismo (Br camping)?

Traveling Alone/Making a Date
Em viagem sozinho/sozinha/Encontro

Are you (for& s-for/fam) waiting for someone?	Está/Estás à espera de alguém?
Do you (for& s-for/fam) already have plans for tomorrow?	Já tem/tens alguns planos para amanhã?
Should we go together?	Vamos juntos?
Should the two of us go out tonight?	Vamos sair os dois hoje à noite?
Can (May) I invite you (for& s-form/f/fam)/to lunch/to dinner?	Posso convidá-lo/convidá-la/convidar-te para almoçar/para jantar?
At what time should we meet?	A que horas nos encontramos?
Can (May) I pick you (for & s-form/f/fam) up?	Posso ir buscá-lo/buscá-la/buscar-te?
At what time should I go (come) get you?	A que horas posso ir?

Let's meet at 9:00 . . .	Encontramo-nos às 9 horas . . .
in front of the movie theater.	em frente do cinema.
at the square (plaza)	na Praça
at the café/coffeehouse	no café.
Are you (*m/f*) married?	É casado/casada?
Do you (*fam*) have a boyfriend/girlfriend?	Tens namorado/namorada?
Can (May) I take you (*for & s-form/f/fam*) home?	Posso levá-lo/levá-la/levar-te a casa?
I'm still going to take you (*for & s-form/f/fam*) to the . . .	Vou levá-lo/levá-la/levar-te ainda ao/à . . .
Can (May) I see you (*for & s-form/f/fam*) again?	Posso voltar a vê-lo/vê-la/ver-te?
I hope to see you (*for & s-form/f/fam*) again soon.	Espero voltar a vê-lo/vê-la/ver-te brevemente.
Thank you (*said by m/f*) very much for this pleasant evening.	Muito obrigado/obrigada por este serão tão agradável.
Please leave me alone!	Por favor, deixe-me em paz!
Get going!/Beat it!	Põe-te a andar!
That's enough! does Mr./Mrs./ Miss X live here?	Basta, já é de mais!Excuse me, Desculpe, mora aqui o senhor/a senhora D./a menina X?

A Visit
Uma visita

No, he/she moved.	Não, mudou de casa.
Do you (*for & s-for*) know where he/she lives now?	Sabe onde ele/ela mora agora?
May I speak to Mr./Mrs./ Miss X?	Posso falar com o senhor/ a senhora D./a menina X?

When will he/she be (at) home?	Quando é que ele/que ela está em casa?
Can I leave a message?	Posso deixar um recado?
I'll come back later.	Volto cá mais tarde.
Come in.	Entre/Entra.
Please sit down.	Sente-se/Senta-te, se faz favor.
Greetings (Best regards) from Paul.	Muitos cumprimentos do Paulo.
What would you (*for & s-for/fam*) like to drink?	O que é que deseja/queres tomar?
Cheers!, To your (*for & s-for/fam*) health!	A sua/tua saúde!
Can't you (*for & s-for/fam*) stay for lunch/dinner?	Não pode/podes ficar para o almoço/jantar?
Thank you (*said by m/f*) very much. I'd be happy to, if it's not an inconvenience.	Muito obrigado/obrigada. Aceito com prazer, se não incomodo.
I'm very sorry, but I've got to go.	Tenho muita pena, mas tenho que me ir embora.

Saying Good-bye
Despedida

Good-bye!/Bye!/Farewell!/ See you later!	Bom dia!/Boa tarde!/Boa noite!/ Adeus!/Até logo!
See you soon!	Até breve!
See you later!	Até logo!
See you tomorrow!	Até amanhã!
Goodnight!	Boa noite!
Good-bye!	Adeus! *Br* Tchau!
Good luck!	Felicidades!

Have fun! (Enjoy yourself/ yourselves! (*for & s-for/ fam*)	Divirta-se!/Divirtam-se!/ Diverte-te!
Have a good trip!	Boa viagem!
I'll be (keep) in touch (with you).	Eu depois dou notícias.
Give my regards to . . .	Dê/Dá cumprimentos meus a . . .

Asking a Favor/Expressing Thanks
Como pedir um favor e agradecer

Yes, please.	Sim, se faz favor.
No, thanks.	Não, obrigado/obrigada.
Can (May) I ask you (*for & s-for*) a favor?	Posso pedir-lhe um favor?
Can (May) I?	Dá licença?
Could you (*for & s-for*) help me, please?	Pode ajudar-me, se faz favor?
Thank you. (*said by m/f*).	Obrigado/Obrigada.
Thank you very much (*said by m/f*).	Muito obrigado/obrigada.
Thank you (*said by m/f*), I'd be delighted.	Obrigado/Obrigada, com muito prazer.
Thanks (*said by m/f*), same to you!	Obrigado/Obrigada, igualmente!
Thanks (*said by m/f*), that's really nice of you (that's very kind of you).	Obrigado/Obrigada, é muito amável da sua/tua parte.
Thanks a lot (*said by m/f*) for your (*for & s-for*) help/interest.	Muito obrigado/obrigada pela sua ajuda/pelo seu interesse.
Think nothing of it./ It's nothing./My pleasure.	De nada./Não tem de quê.

Apologies/Regrets
Como pedir desculpa

Excuse me!/Pardon me!/ Forgive me!	Desculpe!/Desculpa!
I beg your pardon.	Tenho de pedir desculpa.
I'm very sorry.	Lamento muito.
That wasn't what I meant.	Não era isso que eu queria dizer.
What a shame!	Que pena!
Unfortunately, that's not possible.	Infelizmente não é possível.
Some other time.	Fica para outra vez.
Perhaps some other time.	Talvez noutra ocasião.

Congratulations/Best Wishes
Felicitações

Congratulations!	Muitos parabéns!
Best wishes!	Felicidades!
Happy birthday to you! (*for & s-for/fam*)	Muitos parabéns pelo seu/teu aniversário!
Good luck!	Boa sorte!
Best wishes!	Felicidades!
Get well soon!/I hope you're feeling better!/Best wishes for a speedy recovery!	Boas melhoras!
Happy holidays!	Bons feriados!

Language Difficulties
Dificuldades de compreensão

What?/What did you say?	Como?
I don't understand. Could you (*for & s-for/fam*) repeat that, please?	Não compreendo. Pode/Podes repetir, se faz favor?

Could you (*for & s-for/fam*) speak a little slower/louder (more slowly/more loudly)?	Pode/Podes falar um pouco mais devagar/mais alto, se faz favor?
I understand/I understood.	Entendo/Entendi.
Do you (*for & s-for/fam*) speak . . .	Fala/Falas . . .
English?	inglês?
French?	francês?
German?	alemão?
I only speak a little . . .	Falo só um pouco de . . .
How do you say . . . in Portuguese?	Como se diz . . . em português?
What does that mean?	O que significa isso?
How do you pronounce this word?	Como se pronuncia esta palavra?
Could you (*for & s-for/fam*) please spell (write) that?	Faça-me/Faz-me o favor de escrever isso?
Could you (*for & s-for/fam*) spell that out, please?	Faça-me/Faz-me o favor de dizer letra por letra?

Expressing Opinions
Opinião

This/That pleases me/doesn't please me.	Isto/Isso agrada-me/não me agrada.
I'd prefer . . .	Prefiro . . .
What would please me the most would be . . .	O que mais me agradava era . . .
That would be very kind (nice) of you.	Seria muito simpático.
Gladly./Delighted./ My pleasure.	Com muito prazer.
Great!/Perfect!	O(p)timo!

I don't feel like it.	Não me apetece nada.
I don't want to.	Não quero.
Impossible! Out of the question!	Impossível! De maneira nenhuma!
No way!	De maneira nenhuma!
I don't know yet.	Ainda não sei.
Perhaps.	Talvez.
Probably.	Provavelmente.

Personal Information
Indicações sobre a pessoa

Age
Idade

How old are you (*for & s-for/fam*)?	Quantos anos tem/tens?
I am thirty-nine.	Tenho trinta e nove anos.
When's your (*for & s-for/fam*) birthday?	Em que dia faz/fazes anos?
I was born on April 12, 1954.	Nasci no dia/em doze de Abril de 1954.

Professions/Education/Training
Profissão/Estudos/Formação

What is your (*for & s-for/fam*) profession?	Qual é a sua/tua profissão?
I'm a (*blue-collar*) worker.	Sou operário/operária.
I'm a clerk.	Sou empregada/empregado.
I'm a civil servant, public employee (*m/f*).	Sou funcionário público/funcionária pública.

I'm a professional.	Exerço uma profissão liberal.
I'm retired.	Sou pensionista.
I'm unemployed (*m/f*).	Estou desempregado/desempregada.
I work at (in) . . .	Trabalho em . . .
I'm still in school.	Ainda ando à escola.
I'm in high school.	Ando no liceu (*Br* ginásio).
I'm a university student.	Sou estudante universitário/universitária.
Where/What are you (*for & s-for/fam*) studying?	Onde é/O que é que estuda/estudas?
I'm studying . . . in New York.	Estudo . . . em Nova Iorque.
What are your (*for & s-for/fam*) hobbies?	Quais são os seus/teus hobbies?

Academy of Fine Arts	Academia de Belas-Artes
account examiner (*m/f*)	o revisor/a revisora oficial de contas, *Br* o auditor/aauditora
accountant (*m/f*)	o/a contabilista, o consultor/a consultora fiscal
actor/actress	o a(c)tor/a a(c)triz
agent (*m/f*)	o/a agente, o/a representante, o corretor/a corretora
agronomist (*m/f*)	agrónomo/agrónoma, *Br* agrônomo/ agrônoma
apprentice	o aprendiz
archeology	arqueologia
architect (*m/f*)	arquite(c)to/arquite(c)ta
architecture	arquite(c)tura
art history	história da arte
artisan (*m/f*)	o/a artífice
artist (*m/f*)	o/a artista
assembler	o montador
attorney (*m/f*)	advogado/advogada
auditor (*m/f*)	o revisor/a revisora oficial de contas, *Br* o auditor/a auditora

automobile mechanic (*m/f*)	mecânico/mecânica de automóveis
baker (*m/f*)	padeiro/padeira
barber	barbeiro
biologist (*m/f*)	biólogo/bióloga
biology	biologia
book dealer (seller) (*m/f*)	livreiro/livreira
broker (*m/f*)	o corretor/a corretora
building superintendant (*m/f*)	porteiro/porteira
business administration	economia empresarial
businessman/ businesswoman	o/a comerciante
butcher (*m/f*)	o/a talhante, *Br* açougueiro/ açougueira
cabinetmaker (*m/f*)	marceneiro/marceneira
candy maker (*m/f*)	confeiteiro/confeiteira
carpenter	carpinteiro
cashier (*m/f*)	o/a caixa
chemist (*m/f*)	químico/química
chemistry	química
civil servant (*m/f*)	funcionário público/funcionária pública
classrooms	as aulas
clerk (*m/f*)	empregada/empregado
clockmaker (*m/f*)	relojoeiro/relojoeira
college	escola superior
computer science	informática
computer specialist (*m/f*)	o/a especialista de computadores
confectioner (*m/f*)	confeiteiro/confeiteira
cook (*m/f*)	cozinheiro/cozinheira
course subject	matéria
craftsman (*m/f*)	o/a artífice
data entry person (*m/f*)	o digitador/a digitadora
decorator (*m/f*)	o decorador/a decoradora
dentist (*m/f*)	o/a dentista
designer (*m/f*)	o/a designer
director (*m/f*)	o dire(c)tor/a dire(c)tora
director of environmental issues (*m/f*)	a encarregada/o encarregado de questões ambientais
doctor (*m/f*) (specializing in natural medicine)	médico/médica (naturalista)
doorman (*m/f*)	porteiro/porteira
drama (study)	teatrologia
dressmaker	modista, costureira

driver	o automobilista
driving instructor (*m/f*)	o instrutor/a instrutora de condução
druggist (*m/f*)	farmacêutico/farmacêutica, o/a droguista
drugstore	farmácia
economist (*m/f*) (specialist in business administration)	o/a economista (especialista em economia empresarial)
editor (*m/f*)	o reda(c)tor/a reda(c)tora
electrician (*m/f*)	o/a ele(c)tricista
elementary school	escola básica/primária
engineer (*m/f*)	engenheiro/engenheira
Engineering School	Escola Superior de Engenharia
English	inglês
English teacher (*m/f*)	professor/professora de inglês
eye doctor (*m/f*)	o/a oculista
farmer (*m/f*)	o agricultor/a agricultora
field of study	disciplina
financial consultant (*m/f*)	o consultor/a consultora fiscal
fisherman/fisherwoman	o pescador/a pescadora
flight attendant (*m/f*)	comissário de bordo/hospedeira, *Br* aeromoça

florist	o/a florista
foreman/forewoman	encarregado/encarregada
forest ranger	o guarda-florestal
gardener (*m/f*)	jardineiro/jardineira
geography	geografia
geology	geologia
goldsmith	o ourives
hair stylist, hairdresser (*m/f*)	cabeleireiro/cabeleireira
high school	o liceu, *Br* ginásio
history	história
hotelman (*m/f*), hotelier (*m/f*)	hoteleiro/hoteleira
housewife	dona de casa
institute	instituto
institution of higher learning	escola superior
instructor (*m/f*)	o educador/a educadora, o professor/a professora
interpreter, translator (*m/f*)	o/a intérprete
janitor (*m/f*)	porteiro/porteira
jeweler	joalheiro
journalist (*m/f*)	o/a jornalista, o reda(c)tor/a reda(c)tora
judge (*m/f*)	o juiz/a juíza
laboratory technician (*m/f*)	o/a praticante de laboratório
law	direito
lawyer (*m/f*)	advogado/advogada
lecturer (university) (*m/f*)	o/a docente
letter carrier (*m/f*)	carteiro/carteira
librarian (*m/f*)	bibliotecário/bibliotecária
locksmith (*m/f*)	serralheiro/serralheira
mailman (*m/f*)	carteiro/carteira
manager (*m/f*)	o/a gerente, encarregado/encarregada
masseur/masseuse	o/a massagista
mathematics	matemática
mechanic (*m/f*)	mecânico/mecânica
mechanical engineering	a construção de máquinas
medical assistant (*f*)	empregada de consultório, a assistente de médico
medicine	medicina
meteorologist (*m/f*)	o/a metereologista
midwife	parteira
model	modelo, o manequim

motorist	o automobilista
music	música
musician (*m/f*)	músico/música
notary (*m/f*)	notário/notária
nurse (*m/f*)	enfermeiro/enfermeira
nurse for the elderly (*m/f*), geriatric nurse	enfermeiro/enfermeira de idosos
ophthalmologist (*m/f*)	o/a oculista
optometrist (*m/f*)	o/a oculista
painter (*m/f*)	o pintor/a pintora
pastry maker (*m/f*)	pasteleiro/pasteleira
pharmacist (*m/f*)	farmacêutico/farmacêutica
pharmacist's assistant (*m/f*)	o/a ajudante de farmacêutico
pharmacy	farmácia
philology	filologia
philosophy	filosofia
photographer (*m/f*)	fotógrafo/fotógrafa
physical therapist (*m/f*)	o professor/a professora de ginástica terapêutica
physician (*m/f*)	médico/médica
physicist (*m/f*)	físico/física
physics	física
pilot	piloto
plumber (*m/f*)	o canalizador/a canalizadora
policeman/policewoman	o/a polícia
political science	ciências políticas
postal worker (employee) (*m/f*)	funcionário/funcionária dos correios
priest	pároco
professor (*m/f*)	o professor/a professora
prosthodontist (*m/f*)	protésico dentário/protésica dentária, *Br* protético/protética
psychologist (*m/f*)	psicólogo/psicóloga
psychology	psicologia
public employee (*m/f*)	funcionário público/funcionária pública
railway employee	ferroviário
representative (*m/f*)	o/a representante
restaurant owner (*m/f*), restauranteur (*m/f*)	dono/dona de restaurante
restorer (*m/f*)	o restaurador/a restauradora
retiree (*m/f*)	o/a pensionista

Romance Philology	filologia românica, romanística
roofer (*m/f*)	o telhador/a telhadora
sailor	marinheiro
salesman/saleswoman	o vendedor/a vendedora
school	escola
primary school	escola básica/primária
professional school	escola profissional
scientist (*m/f*)	o/a cientista
seaman	marinheiro
seamstress	modista, costureira
secretary (*m/f*)	secretário/secretária
shoemaker (*m/f*)	sapateiro/sapateira
skilled worker (*m/f*)	operário especializado/operária especializada
Slavic studies	eslavística
social worker (*m/f*)	o/a assistente social
sociology	sociologia
steward/stewardess	comissário de bordo/hospedeira, *Br* aeromoça
stonemason	pedreiro
student (*m/f*)	aluno/aluna
study	estudo
tailor	o alfaiate
taxi driver (*m/f*)	o/a taxista
teacher (*m/f*)	o educador/a educadora, o professor/a professora
technical draftsman (*m/f*)	o desenhista técnico/a desenhista técnica
technician (*m/f*)	técnico/técnica
theology	teologia
therapist (*m/f*)	o/a terapeuta
tool and die maker (*m/f*)	serralheiro/serralheira
tour guide (*m/f*)	o guia turístico/a guia turística
trade school	escola comercial
trainee (*m/f*)	instruenda/instruendo
translator (*m/f*)	o tradutor/a tradutora
university	a universidade, escola superior
university student (*m/f*)	o/a estudante universitário/universitária
veterinarian (*m/f*)	veterinário/veterinária
vocational-technical school	escola comercial

waiter/waitress	empregado/empregada, *Br* o garçom/a garçonete
watchmaker (*m/f*)	relojoeiro/relojoeira
window installer	vidraceiro
worker (blue collar) (*m/f*)	operário/operária
writer (*m/f*)	o escritor/a escritora, o reda(c)tor/a reda(c)tora

3 **On the Go**
Em viagem

Giving Directions
Para indicar o caminho

to the left	à esquerda
to the right	à direita
straight (ahead)	em frente, a direito
opposite, in front of	diante de, defronte de, antes de
behind	atrás de
to	para, a
after	depois de
next to	junto de, ao lado de
in front of	em frente, em frente de
here	aqui
there	ali, além, lá, aí
near	perto
far (away)	longe
street	rua
intersection	cruzamento
curve	curva

Car/Motorcycle/Bicycle
Automóvel/Moto/Bicicleta

Information

Excuse me, please, how does one go to get to . . . ?

Could you (*for & s-for*) show me the way/that on the map, please?

How many kilometers is it?

Could you please tell me if this is the road to . . . ?

How do you get to the highway to . . . ?

Continue straight ahead until . . . Then . . .

   at the next corner
   at the traffic light
   turn left/right.
   Follow the signs.

Is there also a road to . . . with less traffic?

It's not this road. You've got to go back to . . .

Informações

Desculpe, por favor, como se vai para . . . ?

Pode-me indicar o caminho/isso no mapa, se faz favor?

Quantos quilómetros são?

Se faz favor, é esta a estrada para . . . ?

Como se vai para a auto-estrada de . . . ?

Sempre em frente até . . . Depois . . .

   na próxima esquina
   no semáforo/sinal luminoso
   vire à esquerda/direita.
   Siga as indicações das placas.

Há também uma estrada com menos movimento para . . . ?

Não é esta a estrada. Tem de voltar para trás até . . .

Traffic signs

Danger

Toll

Customs

No Parking on
odd-numbered days
(1st, 3rd, 5th, etc.)

No Parking on
even-numbered days
(2nd, 4th, 6th, etc.)

No Through Traffic
except for
streetcars

Lane divided for buses

Chains
required

Direction sign

Inn or
Hostelry

Campers

Camping

Beach

Tourist
Attraction

Spa

Overlook

Winter
Sports

Fishing

At the Service Station	**Na estação de serviço/No posto de gasolina**
Could you tell me where the nearest service station/filling station is, please?	Se faz favor, onde é a estação de serviço mais próxima/o posto de gasolina mais próximo?
please.	se faz favor.
Fill it up, please.	Cheio, se faz favor.
. . . liters of . . .	. . . litros de . . .

regular gas(oline)	gasolina normal
diesel fuel	gasóleo,
. . . lead-free/leaded/with	. . . sem chumbo/com chumbo/
. . . octane	com . . . octanas
mixed (with oil) gas(oline)	mistura
super, premium	súper

Could you (*for* & *s-for*) please check . . .	Pode-me fazer o favor de verificar . . .
the oil level?	o nível do óleo?
the tire pressure?	a pressão dos pneus?

Tire pressure in Portugal is indicated on air pumps and pressure gauges in p.s.i. (pounds per square inch).

Could you (*for* & *s-for*) also check the water (coolant) in the radiator?	Faça-me o favor de ver também a água do radiador.
Could you (*for* & *s-for*) change the oil?	Pode-me mudar o óleo?
Could you (*for* & *s-for*) please wash my car?	Pode-me lavar o carro, se faz favor?
I would like a map of this area.	Desejava um mapa desta região.
Could you please tell me where the bathrooms are?	Se faz favor, onde são as casas de banho (*Br* os banheiros)?

Bridge over the Tagus (Tejo) in Lisbon

Parking	**Estacionamento**
Is there a parking lot near here?	Se faz favor, há aqui perto um parque de estacionamento?
Can I leave the car here?	Posso deixar aqui o carro?
Could you (*for* & *s-for*) change . . . escudos for me for the parking meter?	Pode fazer o favor de me trocar . . . escudos para o parquímetro?
Is the parking lot guarded?	O parque é vigiado?
I'm sorry, but it's full.	Tenho muita pena, mas está tudo cheio.
How long can I park here?	Quanto tempo posso estacionar aqui?
What does it cost to park per?	Qual é o preço do estacionamento por . . .
day?	dia?
hour?	hora?
night?	noite?
Is the parking lot open all night?	O parque está aberto toda a noite?

Car Trouble

Uma avaria

I have car trouble/a flat tire.

Tenho uma avaria/um furo.

Could you (*for* & *s-for*) do me the favor of calling emergency road service?

Poderia fazer-me o favor de telefonar para o serviço de pronto socorro?

My car's/motorcycle's license plate number is . . .

A matrícula do meu carro/da minha moto é . . .

Could you (*for* & *s-for*) please send a mechanic/ tow truck?

Podia mandar-me um mecânico/ um carro-grua (*Br* carro-guincho), se faz favor?

Could you (*for* & *s-for*) spare me some gas(oline), please?

Podia-me dispensar um pouco de gasolina, se faz favor?

Could you (*for* & *s-for*) help me change the tire, please?

Podia ajudar-me a mudar a roda, se faz favor?

Could you (*for* & *s-for*) tow me to the nearest auto repair shop (garage)/service station?

Pode rebocar-me/levar-me até à oficina/à estação de serviço mais próxima?

At the Repair Shop

Na oficina

Could you please tell me if there is a(n) garage (auto repair shop) near here (close by)?

Se faz favor, há alguma oficina aqui perto?

My car won't start.

O meu carro não pega.

I don't know what the problem is.

Não sei qual é a razão.

Could you (*for* & *s-for*) please come with me/give me a tow?

Pode vir comigo/rebocar-me, se faz favor?

Something's wrong with the motor (engine).

O motor não funciona bem.

The brakes don't work.

Os travões (*Br* freios) não funcionam.

. . . it broke down/they're not working.	. . . está avariado/estão avariados.
The car's losing oil.	O carro perde óleo.
Could you (*for & s-for*) please check it?	Pode-me fazer o favor de verificar?
Change the spark plugs, please.	Mude as velas, se faz favor.
Do you (*for & s-for*) have (factory) replacement parts for this car?	Tem peças sobresselentes (originais) para este carro?
Make only those repairs that are absolutely necessary.	Faça só as reparações absolutamente necessárias.
When will the car/motorcycle (motorbike) be ready?	Quando é que o carro/a moto está pronto/pronta?
How much is that going to cost?	Quanto é que isso irá custar?

A Traffic Accident / Um acidente

There was an accident.	Houve um acidente.
Call . . . quickly	Chame depressa . . .
an ambulance.	uma ambulância.
the fire department.	os bombeiros.
the police.	a polícia.
Could you (*for & s-for*) look after the injured?	Pode ocupar-se dos feridos?
Do you (*for & s-for*) have a first aid kit?	Tem uma farmácia portátil?
It was my/your fault.	A culpa foi minha/sua.
You (*for m/f*) . . .	O senhor/A senhora . . .
changed lanes without using your turn signal.	mudou de faixa sem piscar.
cut the curve.	cortou a curva.
didn't yield (the right of way).	não respeitou a prioridade.

You (*for m/f*) . . .

    were going too fast.
    were following too close
    (tailgating)/didn't main-
    tain the proper distance.
    ran the red light.

I was traveling at . . .
kilometers per hour.

O senhor/A senhora . . .

    ia depressa de mais.
    vinha muito perto/não guardou
    a distância devida.

    passou com o vermelho.

Eu vinha a . . . km/h.

The speed limit in Portugal is 120 km/h (75 mph) on freeways, 90 km/h (56 mph) on country roads, and 60 km/h (41 mph) in towns and cities.

Should we call the police or can we come to an agreement?

Chamamos a polícia ou podemos chegar a acordo?

My insurance company will determine the question of damage.

A minha companhia de seguros regulará a questão dos prejuízos.

I'm going to give you (*for & s-for*) my address and insurance policy number.

Vou-lhe dar o meu endereço e o número da apólice do seguro.

Could you (*for & s-for*) please tell me your name and address/the name and address of your insurance company?

Pode-me dizer o seu nome e o seu endereço/o nome e o endereço da sua companhia de seguros, se faz favor?

Could you (*for & s-for*) serve as my witness?

Pode-me servir de testemunha?

Thank you (*said by m/f*) so much for your help.

Muito obrigado/obrigada pela sua ajuda.

Car/Motorcycle/Bicycle Rental	Aluguer de um automóvel/de uma mota/de uma bicicleta
I would like to rent . . .	Queria alugar . . .
a bicycle	uma bicicleta
a(n all-terrain) car	um carro (todo-o-terreno)
a motorbike	uma mota
a moped	um ciclomotor, um velomotor
a motor scooter	uma lambreta/vespa
for . . . days/a week.	por . . . dias/uma semana.
What's the charge per day/ per week?	Qual é a tarifa por dia/por semana?
How much is it per kilometer?	Quanto se paga por quilómetro?
How much is the security deposit?	Quanto é que é preciso depositar de caução?
I'll take the . . .	Levo o . . ./a . . .
Do you (*for* & *s-for*) want comprehensive insurance coverage?	Deseja um seguro complementar?
Is the car insured against all risks?	O carro tem seguro contra todos os riscos?
Could you (*for* & *s-for*) please show me your driver's license?	Pode-me mostrar a sua carta (*Br* carteira) de condução, se faz favor?
Can I take the car now?	Posso levar já o carro?
Is it possible to return the car to . . .?	É possível entregar o carro em . . . ?

Horse and cart in the Algarve

Word List: Car/Motorcycle/Bicycle

to accelerate	acelerar
accelerator (pedal)	o acelerador
adjustable wrench	a chave inglesa
air filter	filtro do ar
air pump	bomba de ar
alarm	o alarme
alarm mechanism (device)	dispositivo de alarme
antifreeze	o anti-freeze
auto repair shop	oficina
automatic transmission	caixa de velocidades automática
axle	eixo
ball bearing	rolamento de esferas
bell	campainha
belt (engine)	correia
bicycle, bike	bicicleta

bicycle path	caminho para bicicletas
bicycle (bike) stand	o suporte
mountain bicycle	bicicleta de montanha
racing bicycle	bicicleta de corrida
three-speed/ten-speed bike (bicycle)	bicicleta de três/de dez velocidades
blind (by lights), to	encandear
blood-alcohol content	o nível de álcool no sangue
blow-out (tire)	furo
bolt	parafuso
box wrench	a chave de caixa
brake	o travão, *Br* freio
foot brake	o travão (*Br* freio) de pé (de contrapedal)
hand brake	o travão (*Br* freio) de mão, alavanca
hand brake lever	alavanca do travão (*Br* do freio)
brake fluid	líquido dos travões (*Br* dos freios)
brake lights	as luzes dos travões (*Br* dos freios)
brake lining	forro do travão (*Br* do freio)
brake pad	forro do travão (*Br* do freio)
to brake	travar, *Br* frear
breakdown	avaria
car breakdown	avaria, falha
broken	partido
bumpers	o pára-choques
cable	cabo
car papers or documents	os papéis, os documentos
car wash	a lavagem do carro
carburetor	o carburador
chain	a corrente
chassis	carroçaria
clutch	a embraiagem, *Br* a embreagem
clutch pedal	o pedal da embraiagem (*Br* embreagem)
clutch, to disengage the	desembraiar
comprehensive insurance coverage	seguro contra todos os riscos
cylinder	cilindro
cylinder head	cabeça do cilindro
danger signal	o sinal de perigo
detour	desvio

dipstick	vara indicadora do nível do óleo
distributor	o distribuidor
driver's license	carta, *Br* carteira de condução
emergency	emergência
emergency brake	alavanca do travão
emergency phone	o telefone de socorro
emergency triangle	triângulo
emery paper	o papel de esmeril
engine	o motor
exhaust	o escape
expressway	via rápida
fan	o ventilador, ventoinha
filling station	posto de gasolina
fine	multa
four-lane	de quatro pistas
four-wheel drive	a tra(c)ção às quatro rodas
front axle	eixo dianteiro
front wheel	roda dianteira
front-wheel drive	a tra(c)ção à frente
fuel pump	bomba de inje(c)ção
fuse	o fusível
garage	oficina
gas pedal	o acelerador
gas(oline)	gasolina
gas(oline) can	o bidão (*Br* a lata) de gasolina
gas(oline) pump	bomba de gasolina
gas(oline) tank	depósito
gasket	o empanque
gear	a velocidade
first gear	primeira (velocidade)
gear box	caixa de velocidades/de mudança
gearshift lever	alavanca de mudança
generator	dínamo
handlebar	o guiador, *Br* o guidom
headlights	os faróis, as luzes dianteiras
headlight indicator lamp	o sinal de luzes
heat	aquecimento
heater	aquecimento
helmet	o capacete
high beams	os máximos
highway	auto-estrada

to hitchhike	viajar à boleia (*Br* de carona)
hitch-hiker	pessoa que viaja à boleia (*Br* o carona)
hood	o capot, *Br* capô
horn	buzina
horsepower	CV/cavalos
ignition	a ignição
ignition key	a chave de ignição
ignition miss	falha da ignição
ignition switch	a ignição
inner tube	câmara-de-ar
insurance	seguro(s)
liability, theft, and fire insurance	seguro(s) contra terceiros, roubo e incêndio
insurance card	cartão de seguros, carta verde
jack	macaco
jumper cables	cabos de ligação
knapsack	sacola
knock or ping (a motor), to	detonar
lane (of a road)	pista, faixa
license plate	placa da matrícula
lights, to dim the	baixar/reduzir as luzes
low beams	os médios
to lubricate	lubrificar
lug wrench	cruzeta
luggage rack	o porta-bagagem
moped	o velomotor, o ciclomotor
motor	o motor
motorcycle	motocicleta, a moto
motorcyclist's waist belt	a cinta de motociclista
motorscooter	lambreta, vespa
mudflap (mudguard)	o guarda-lama
neutral (gear)	ponto morto
nozzle	tubeira
nut	porca
octane rating	número de octanas, o índice de octano
odometer	o conta-quilómetros
oil	óleo
oil change	mudança de óleo
parking lights	os mínimos

parking lot	o parque de estacionamento
parking meter	parquímetro, parcómetro, *Br* parcômetro
parking ramp or garage	auto-silo
pedal	o pedal
pedal bearing	chumaceira de pedal
to ping (a motor)	detonar
piston	êmbolo
puncture (tire)	furo
radiator	o radiador
radiator coolant	água de refrigeração
rear axle	eixo traseiro
rear lights	as luzes traseiras
rear wheel	roda traseira
rearview mirror	o retrovisor
rear wheel drive	a tra(c)ção atrás
reflector	o refle(c)tor
replacement parts	as peças sobresselentes
reverse (gear)	marcha atrás/*Br* marcha à ré
road	estrada
road map	o mapa das estradas
road service	serviço de assistência
road sign	o indicador de caminhos
road work (construction)	(as) obras
sandpaper	lixa
screw	parafuso
screwdriver	a chave de fenda
seat	o selim
seat belt	cinto de segurança
service area	área de serviço
shock absorber	o amortecedor
short circuit	curto-circuito
snow tires	os pneus de inverno
spare parts	as peças sobresselentes
spare tire	roda sobresselente
spark plug	vela
speed	a velocidade
speed checked by radar	velocidade controlada por radar
to speed up	acelerar
starter, starting motor	o motor de arranque
steering wheel	o volante
sun-/moonroof	te(c)to-de-abrir

tire	o pneu
tire patch kit	caixa de remendos
toll	a portagem, *Br* pedágio
tool	ferramenta
tow	o reboque
towing cable	cabo de reboque
towing service	serviço de reboque
tow truck	carro de reboque
to tow	rebocar
traffic jam	engarrafamento
traffic light	semáforo
transmission	caixa de velocidades/de mudança
truck	o camião, *Br* o caminhão
trunk (of a car)	mala (do carro)
turn signal(s)	o pisca-pisca
to turn	virar
valve	válvula
wheel	roda
wheel hub	cubo
wheel rim	a jante
wheel spoke	raio
windshield	o pára-brisas
windshield wipers	o limpa-pára-brisas

Airplane
Avião

At the Travel Agency/ At the Airport	**Na agência de viagens/ No aeroporto**
Where is the ticket counter for . . . ?	Onde é o guiché (*Br* guichê) da . . . ?
What time does the next plane to . . . leave?	A que horas parte o próximo avião para . . . ?
I'd like a one-way/round-trip ticket to . . .	Quero marcar uma passagem simples de avião/uma passagem de ida e volta para . . .
Are there still seats?	Ainda há lugares?
Are there charter flights too?	Há também voos (*Br* vôos) fretados/charter?
How much does a tourist/first class ticket cost?	Quanto custa a passagem em classe turística/em primeira classe?
How many kilos of baggage does the ticket entitle me to?	A quantos quilos de bagagem dá direito o bilhete?
How much does each kilo of excess baggage cost?	Quanto se paga por cada quilo de excesso de bagagem?
I'd like to cancel/change this flight.	Queria cancelar este voo (*Br* vôo)/mudar o voo (*Br* vôo).

When do I have to be at the airport?	A que horas tenho de estar no aeroporto?
Where is the information counter?/Where is the waiting room?	Onde são as informações?/Onde é a sala de espera?
Can I take this as carry-on luggage?	Posso levar isto como bagagem de mão?
Is the plane to . . . delayed?	O avião para . . . está atrasado?
How much of a delay?	Quanto tempo tem de atraso?
Has the plane from . . . already landed?	O avião de . . . já aterrou (*Br* aterrissou/pousou)?
Last call.	Ùltima chamada.
We ask that passengers for flight number . . . , bound for . . . , go to gate number . . .	Pedimos aos senhores passageiros do voo (*Br* vôo) número . . . , com destino a . . . , que se dirijam para a porta número . . .

On Board | A bordo

No smoking please! Fasten (*for* & *s-for pl*) your seat belts!	Por favor, não fumar! Apertem os cintos!
What river/lake is that?	Que rio/lago é aquele?
Where are we now?	Onde estamos agora?
When do we land at (in) . . . ?	Quando aterramos (*Br* aterrissamos/pousamos) em . . . ?
We land in . . . minutes.	Aterramos (*Br* aterrissamos/ pousamos) dentro de . . . minutos.
How is the weather in . . . ?	Como está o tempo em ...?

Arrival — Chegada

(See also Chapter 9, Lost and Found.)

I can't find my luggage/ suitcase.	Não encontro a minha bagagem/ mala.
My luggage got lost.	A minha bagagem perdeu-se.
My suitcase is damaged.	A minha mala está estragada.
Where can I file a complaint?	Onde posso reclamar?
From where does the bus leave for the terminal?	Donde parte o autocarro (*Br* ônibus) para o terminal?

Word List: Airplane — See also Word List: Train

air safety tariff	taxa de segurança
airline (company)	companhia de aviação
airliner	o avião de carreira
airplane	o avião
airplane ticket	o bilhete de avião
airport	aeroporto
airport shuttle bus	autocarro (*Br* o ônibus) do aeroporto
airport tax	taxa de aeroporto
aisle	o corredor
arrival	chegada
arrival time	hora da chegada
baggage	a bagagem
baggage cart	carrinho porta-bagagem
baggage check	despacho da bagagem
baggage claim	entrega da bagagem
baggage tag	etiqueta
baggage, to check	despachar a bagagem
boarding	abordo
last-minute boarding	o embarque à última hora
boarding gate	porta de embarque
boarding pass	o cartão de embarque
booking	a marcação
business class	a classe executiva
to cancel	cancelar
carry-on luggage	a bagagem de mão

to check in	fazer o check-in
coach (class)	a classe económica (*Br* econômica)
connection	a ligação, *Br* a conexão
crew	a tripulação
delay	atraso
departure	partida
on-time (on-schedule) departure	partida conforme o horário
destination	destino
duty-free shop	loja franca, duty-free shop
economy class	a classe económica (*Br* econômica)
emergency	emergência
emergency exit	saída de emergência
emergency landing	a aterragem (*Br* aterrissagem) forçada
emergency slide	o tobogã de emergência
flight	voo (*Br* vôo)
charter flight	o charter
direct flight	voo (*Br* vôo) dire(c)to
domestic flight	voo (*Br* vôo) doméstico
international flight	voo (*Br* vôo) internacional
flight approach	a aproximação
flight schedule	horário (dos aviões)
flight, to change a	mudar o voo (*Br* vôo)
helicopter	helicóptero
jet plane	o avião a jacto
to land	aterrar, *Br* aterrissar, *Br* pousar
landing	a aterragem, *Br* a aterrissagem
landing strip	pista de aterragem (*Br* de aterrissagem)
layover	escala
life vest	o colete de salvação
luggage	a bagagem
luggage tag	etiqueta
luggage, to check	despachar a bagagem
nonsmoker	não fumador
passenger	passageiro
pilot	o piloto
plane	o avião
rear (of plane)	cauda
plane ticket	o bilhete de avião
reservation	reserva, a marcação

to reserve	reservar
route	rota, linha aérea
runway strip	pista de aterragem (*Br* de aterrissagem)
seat belt	cinto de segurança
seat belt, to fasten the	apertar o cinto
security check	controlo, *Br* o controle de segurança
smoker	fumador
steward	comissário
stewardess	hospedeira, *Br* aeromoça
takeoff	a descolagem
terminal	o terminal
ticket counter (window)	o guiché
tourist class	a classe económica (*Br* econômica)
window seat	o lugar à janela

Train
Caminho (*Br* estrada) de ferro

At the Travel Agency/ At the Railroad Station	Na agência de viagens/ Na estação
A second/first class ticket for . . . please.	Um bilhete de segunda/de primeira classe para . . . , se faz favor.
Two round-trip tickets for . . . please.	Dois bilhetes de ida e volta para . . . se faz favor.
Is there a discount for kids/families with lots of children/students?	Há uma redução para crianças/ famílias com muitos filhos/ estudantes?
I'd like to reserve a seat on the . . . train for . . .	Queria reservar um lugar no comboio (*Br* trem) das . . . para . . .

In Portugal the purchase of a ticket for an express train (expresso) is always combined with a seating reservation. This means that you will not get a seat or will have difficulty getting a seat on the train without a reservation. Also, buying the ticket on the train is expensive; therefore, it is recommended that tickets be bought before the trip.

A window seat?	Um lugar à janela?
I'd like a couchette/ sleeper on the 8:00 P.M. train for . . .	Queria um lugar em couchette/ vagão-cama (*Br* vagão-leito) no comboio (*Br* trem) das 20 horas para . . .
Is there a car-train for . . . ?	Há um comboio (*Br* trem) de transporte de automóveis para . . . ?
How much does it cost for a car with four people?	Quanto se paga por um carro com quatro pessoas?
I'd like to check this luggage (baggage) along with the ticket.	Queria despachar esta mala com o bilhete.
Where can I check my bicycle?	Onde posso despachar a minha bicicleta?
Do you (*for & s-for*) want luggage (baggage) insurance?	Quer fazer um seguro da bagagem?
Does the baggage go on the . . . o'clock train?	A bagagem vai no comboio (*Br* trem) das . . . ?
When does it arrive at . . . ?	Quando chega a . . . ?
Is the train from . . . delayed?	O comboio (*Br* trem) de . . . tem atraso?
At . . . do I have a connection for . . ./with the (ferry)boat?	Tenho em . . . ligação (*Br* conexão) para . . . /com o barco?
(Where) Do I have to change trains?	(Onde) Tenho de mudar de comboio (*Br* trem)?

Which gate does the train bound for . . . depart from?	De que linha parte o comboio (*Br* trem) para . . . ?
Train number . . . from . . . bound for . . . will arrive on track one.	O comboio (*Br* trem) número . . . de . . . para . . . vai entrar na linha um.
Train number . . . , coming from . . . is ten minutes late.	O comboio (*Br* trem) número . . . , proveniente de . . . tem dez minutos de atraso.
Attention, passengers! The train bound for . . . is departing. Have a good trip!	Atenção, senhores passageiros! O comboio (*Br* trem) com destino a . . . vai partir. Boa viagem!

On the Train

No comboio (*Br* trem)

Excuse me, is this seat taken?	Desculpe, este lugar está livre?
Could you (*for & s-for*) help me, please?	Pode-me ajudar, se faz favor?
Can (May) I open/close the window?	Posso abrir/fechar a janela?
Excuse me, this compartment is for non-smokers.	Desculpe, este compartimento é para não fumadores.
Excuse me, this seat is mine.	Desculpe, esse lugar é meu.
Here is my reservation ticket.	Tenho aqui o bilhete de reserva.
Tickets, please.	Os bilhetes, se fazem favor.
Does this train stop at . . . ?	Este comboio (*Br* trem) pára em . . . ?
Where are we now?	Onde é que estamos agora?
How long do we stop here?	Quanto tempo paramos aqui?
Will we arrive on schedule?	Chegamos à hora marcada?

Word List: Train	See also Word List: Airplane
aisle	o corredor
alarm (signal)	o sinal de alarme
to arrive	chegar
baggage	a bagagem
baggage cart	carrinho porta-bagagem
baggage check window	o guiché (*Br* guichê) da bagagem
baggage claim ticket	guia
baggage locker	depósito automático de bagagens
baggage storage	depósito de bagagens
bar car	a carruagem do bar
bathroom	casa de banho (*Br* banheiro)
to board	subir, entrar
booking	a marcação
car number	número da carruagem (*Br* do vagão)
car-train	comboio (*Br* o trem) para transporte de automóveis
central station	a estação central
child's fare	meio-bilhete
club car	a carruagem do bar
compartment	compartimento
couchette ticket	o bilhete de couchette
delay	demora
departure	partida
departure time	hora da partida
discount	a redução
emergency brake	freio de emergência
excursion ticket	o bilhete circular
express	expresso
fast train	comboio (*Br* o trem) rápido
ferryboat	o ferry-boat, *Br* barca
free	livre
group ticket	o bilhete cole(c)tivo
high capacity car	o vagão de grande capacidade
high-speed train	comboio (*Br* o trem) de grande velocidade
intercity (IC)	intercidades

interrail	interrail
locomotive	locomotiva
luggage	a bagagem
luggage rack	banqueta para apoio da bagagem
luggage receipt	guia
nonsmoking compartment	compartimento para não fumadores
occupied	ocupado
on-board train crew	o pessoal ferroviário de bordo
platform pass	o bilhete de gare
porter	o carregador
railroad	caminho (*Br* estrada) de ferro
reservation	reserva, a marcação
reserved seat ticket	o bilhete de marcação de lugar
restaurant in the station	o restaurante da estação
round-trip ticket	o bilhete de ida e volta
schedule	horário
semi-direct train	comboio (*Br* o trem) semidire(c)to
sinks	os lavabos
sleeper ticket	o bilhete de vagão-cama (*Br* vagão-leito)
smoking compartment	compartimento para fumadores
station	a estação
stop	a paragem
subject to surcharge	sujeito a suplemento/a sobretaxa
surcharge	suplemento, sobretaxa
through coach	a carruagem dire(c)ta
ticket	o bilhete
ticket check	controlo (*Br* o controle) dos bilhetes
ticket price	preço do bilhete
ticket window	bilheteira (*Br* bilheteria)
ticket, to buy a (supplementary)	comprar um bilhete (suplementar)
timetable	horário
track	via/linha férrea
train	comboio (*Br* o trem)
travel guidebook	o guia
vacant	livre
waiting room	sala de espera
wash basins	os lavabos
window seat	o lugar à janela

Ship

Barco

Information	**Informações**
What boat should I take for . . . ?	Se faz favor, que barco hei-de tomar para . . . ?
From where/When does the next ship/next ferry-boat for . . . depart?	Donde/Quando parte o próximo navio/o próximo ferry-boat (*Br* a próxima barca) para . . . ?
How long does the crossing take?	Quanto tempo dura a travessia?
What are our ports of call?	Em que portos fazemos escala?
When do we arrive at . . . ?	Quando chegamos a . . . ?
How long do we stay in . . . ?	Quanto tempo ficamos em . . . ?
I would like to book passage in	Queria uma passagem para . . .

  (a) cabin (stateroom) for two people   um camarote para duas pessoas

  first class   primeira classe

  tourist class   classe turística

  (a) private cabin (stateroom)   um camarote individual

| I'd like a ticket for the excursion at . . . (o'clock). | Queria um bilhete para a excursão das . . . (horas). |

On Board	**A bordo**
Could you (*for & s-for*) please tell me where cabin number . . . is?	Pode-me dizer, se faz favor, onde é o camarote número . . . ?
Could you (*for & s-for pl*) give me another cabin?	Podem-me dar outro camarote?
Where is my suitcase/ baggage, luggage?	Onde está a minha mala/a minha bagagem?

Where is the dining room/lounge?	Onde é a sala de jantar/o salão?
When are meals served?	A que horas são as refeições?
Please bring me . . .	Traga-me, se faz favor, . . .
I don't feel good.	Não me sinto bem.
Please call the ship's doctor!	Faça-me o favor de chamar o médico de bordo!
Could you (*for* & *s-for*) please give me something for seasickness?	Pode-me dar um remédio contra o enjoo (*Br* enjôo), se faz favor?

Word List: Ship	See Word Lists: Airplane, Train
anchor	âncora
berth	o camarote
between-decks	as entrecobertas
to board	embarcar
boarding	abordo
boat	barco
booking	a marcação
cabin	cabina, o camarote
inner cabin	o camarote interior
outer cabin	o camarote exterior
cabin ticket	o bilhete de beliche
to call at a port	fazer escala em
captain	o comandante
coast·	costa
continent	o continente
crew	a tripulação
crossing	travessia
cruise	cruzeiro, a excursão, circuito, volta
to debark	desembarcar
deck	o convés
to disembark	desembarcar
dock	embarcadouro, o cais
to dock at	atracar em
docking place	embarcadouro
dry land	terra firme

embark, to	embarcar
excursion	a excursão, circuito, volta
ferryboat	o ferry-boat (*Br* barca)
go ashore, to	desembarcar
hovercraft	o hovercraft
hydrofoil	o hidrofoil
knot	o nó
to leave port	sair do porto
lifeboat	barco salva-vidas
life preserver (buoy)	bóia salva-vidas
life vest (jacket)	o colete de salvação
lighthouse	o farol
motor boat	barco a motor, lancha a gasolina
oar	remo
passage	travessia
passenger	passageiro
pier	o cais, embarcadouro
poop deck	tombadilho
port	porto
port side	bombordo
port tax	taxa portuária
port, to put in at a	fazer escala em
promenade deck	o convés de passeio
prow	proa
quarter deck	tombadilho
reservation	reserva, a marcação
rowboat	barco a remos
sailboat	barco à vela
sailor, seaman	marinheiro
seasick	enjoado
sea swell	a ondulação
ship	barco
ship's course	rumo, rota
ship's steward	criado (*Br* o garçom) de bordo
starboard	estibordo
stateroom	cabina, o camarote
steamship	vapor
stern	popa
terra firma	terra firme
ticket	o bilhete
tour	a excursão, circuito, volta
wave	onda
wharf	o cais
yacht	o iate

At the Border

Na fronteira

Passport Check

Controlo (*Br* controle) de passaportes

Your (*for* & *s-for*) passport, please!

O seu passaporte, se faz favor!

Your (*for* & *s-for*) passport has expired.

O seu passaporte caducou.

I belong to the (tour) group from . . .

Eu pertenço ao grupo (de turistas) de . . .

Could you (*for* & *s-for*) show me your dog's (your cat's) health certificate/ rabies vaccination certificate?

Pode mostrar-me, por favor, o certificado sanitário/o certificado de vacina contra a raiva do seu cão (do seu gato)?

Do you (*for* & *s-for*) have a visa?

Tem um visto?

Can I get (obtain) the visa here?

Posso obter aqui o visto?

Customs

Alfândega

Have you (*for* & *s-for*) got anything to declare?

Tem alguma coisa a declarar?

No, sir, I'm only bringing in some presents.

Não, senhor, levo apenas alguns presentes.

Pull over there to the right/ left, please.

Encoste ali à direita/à esquerda, se faz favor.

Open your (*for* & *s-for*) car trunk/this suitcase, please.

Abra a mala do carro/esta mala, se faz favor.

Do I have to pay duty on this?

Tenho de pagar direitos disto?

How much duty do I have to pay?

Quanto tenho a pagar de direitos?

Word List: At the Border

address	domicílio
border crossing	posto fronteiriço
car insurance card	carta verde
checkpoint	posto fronteiriço
customs	alfândega
customs check	controlo *(Br* o controle) alfandegário
customs duty	os direitos alfandegários
customs office	alfândega
customs official	empregado da alfândega
date of birth	data de nascimento
domicile	domicílio
driver's license	carta *(Br* carteira) de condução
duty free	isento de direitos
entry	entrada
exit	saída
export, exportation	a exportação
first (given) name	o prenome, o nome de ba(p)tismo
identity card	o bilhete *(Br* a carteira) de identidade
child's identity card	o bilhete de identidade da criança
import, importation	a importação
last name	apelido
license plate	placa
maiden name	o nome de solteira
marital status	estado civil
married	casado
unmarried *(m/f)*	solteiro/solteira
nationality	a nacionalidade
passport	o passaporte
passport check	controlo *(Br* o controle) de passaportes
place of birth	o local de nascimento
rabies	raiva
regulations	as disposições
residence	domicílio
single (unmarried) *(m/f)*	solteiro/solteira
subject to duty	sujeito a direitos
surname	apelido
vaccination	vacina
(international) certificate of vaccination	certificado (internacional) de vacina

valid	válido
visa	visto
widowed	viúvo

Local Transportation
Transportes urbanos

Which bus/trolley (streetcar, tram)/subway train goes to . . . ?	Qual é o autocarro (*Br* ônibus)/o eléctrico (*Br* bonde)/a linha do metro (*Br* metrô) para . . . ?
Where is the . . .	Onde é a . . .
nearest bus stop?	paragem do autocarro (*Br* parada do ônibus) mais próxima?
nearest subway station?	estação do metro (*Br* metrô) mais próxima?
nearest trolley (streetcar, tram) stop?	paragem do eléctrico (*Br* parada do bonde) mais próxima?
Which bus line goes to . . . ?	Qual é a linha que vai para . . . ?
Is this the bus that goes to . . . ?	É este o autocarro (*Br* ônibus) para . . . ?
When/From where does the bus leave?	Quando/Donde parte o autocarro (*Br* ônibus)?
When is the first/last (subway) train for . . . ?	A que horas é o primeiro/último metro (*Br* metrô) para . . . ?
In what direction do I have to go?	Em que dire(c)ção tenho de ir?
How many stops are there?	Quantas paragens (*Br* paradas) são?
Where do I have to get off/ transfer (change)?	Onde tenho que descer/mudar?

In Portugal, bus stops on rural roads are often marked by a sign only on one side of the road, which serves for buses going in both directions.

Could you (*for & s-for*) please tell me when I have to get off?

Pode fazer o favor de me avisar quando eu tiver de descer?

Where can I buy a ticket?

Onde é que posso comprar o bilhete?

A ticket to . . . , please.

Um bilhete para . . . , se faz favor.

Are there tickets for several trips/weekly passes?

Há bilhetes para várias viagens/ passes semanais?

Taxi
Táxi

Can you (*for & s-for*) tell me where the nearest taxi stand is, please?

Pode-me dizer, se faz favor, onde é a praça de táxis mais próxima?

To the station.

Para a estação.

To hotel . . .

Para o hotel . . .

Street . . .

Rua . . .

To . . . , please.

Para . . . , se faz favor.

How much will I have to pay to go to . . . ?

Quanto terei de pagar para ir até . . . ?

Stop here, please.

Pare aqui, por favor.

Wait a bit, please. I'll be back in five minutes.

Espere um pouco, se faz favor. Volto dentro de cinco minutos.

This is for you (*for & s-for*).

Isto é para si (*Br* para você).

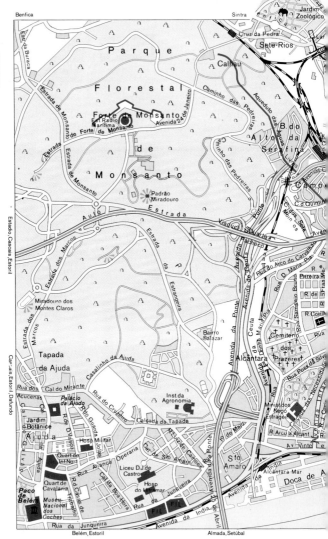

LISBOA (LISBON)

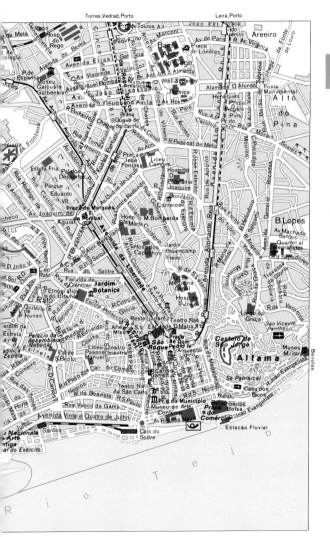

Scale 1:38, 500

0   200   400   600   800m

On Foot

A pé

Could you please tell me where . . . is?	Se faz favor, onde é . . . ?
Could you (*for* & *s-for*) please tell me how to get to . . . ?	Pode-me dizer, se faz favor, como se vai para . . . ?
I'm very sorry, but I don't know.	Lamento muito, mas não lhe sei dizer.
What is the shortest way to . . . ?	Qual é o caminho mais curto para . . . ?
Is the . . . far from here?	O/A . . . é longe daqui?
(It isn't.) It's far.	(Não) É longe.
It's quite near here.	É muito perto daqui.
Go straight/Turn to the left/right.	Siga em frente/Vire à esquerda/direita.
The first/second street to the left/right.	A primeira/segunda rua à esquerda/direita.

Cross . . .
  the bridge.
  the square (plaza).
  the street.

Atravesse . . .
  a ponte.
  a praça.
  a rua.

Then you'll (*for* & *s-for*) have to ask again.	Depois terá de perguntar outra vez.
You (*for* & *s-for*) can't miss it.	Não tem nada que enganar.

You (*for* & *s-for*) can take . . .

Pode tomar . . .

  the bus
  the subway
  the train
  the trolley (streetcar, tram)
  the trolley

  o autocarro (*Br* ônibus).
  o metro, (*Br* metrô).
  o comboio, (*Br* trem).
  o eléctrico, (*Br* bonde).
  o trólei, (*Br* trolebus).

Word List: On the Go in Town

alley	travessa, viela
to announce	chamar, anunciar
to board	subir
building	edifício
bus	autocarro, *Br* o ônibus
city (bus) tour	visita à cidade
intercity bus	autocarro (*Br* o ônibus) interurbano
bus station	a estação rodoviária
to buy (a ticket)	comprar (um bilhete)
to call	chamar, anunciar
to cancel (a ticket)	obliterar
church	igreja
commuter train	comboio (*Br* o trem) suburbano
conductor	o condutor
to depart	partir
departure	partida
direction	a dire(c)ção, sentido
downtown	centro da cidade
driver	o condutor, o motorista
to enter	entrar
full fare	preço total
to get off	descer, apear-se
to get on	subir
house	casa
house number	número da porta
to leave	partir
main street	rua principal
narrow street	travessa, viela
neighborhood	bairro
parking lot	o parque
pedestrian zone	zona para peões (*Br* pedestres)
to press the button	carregar no (*Br* apertar o) botão
price per kilometer	preço por quilómetro (*Br* quilómetro)
public transportation pass	o passe
to punch (a ticket)	obliterar (um bilhete)
to push the button	carregar no (*Br* apertar o) botão
ticket collector	o revisor
rack railway	linha de cremalheira

rapid commuter train	comboio (o trem) rápido suburbano
receipt	recibo
schedule	horário
season pass	o passe
side street	travessa, viela, rua lateral
sidewalk	passeio
to stamp (a ticket)	obliterar (um bilhete)
stop	a paragem, *Br* parada
to stop	parar
street	rua
street address	número da porta
streetcar	eléctrico, *Br* o bonde
suburb	subúrbio, bairro periférico
subway	metropolitano, metro, *Br* o metrô
taxi	o táxi
shared taxi	o táxi cole(c)tivo
taxi driver	o taxista, o motorista de táxi
taxi stand	praça de táxis
terminal	término
ticket	o bilhete
ticket collector	o revisor
ticket price	preço do bilhete
ticket seller	o cobrador
ticket taker, ticket puncher	o obliterador de bilhetes
ticket-vending machine	máquina distribuidora de bilhetes
tip	gorjeta
trolley	o trólei, *Br* o trolebus, eléctrico, *Br* o bonde
weekly (travel) pass	o passe semanal

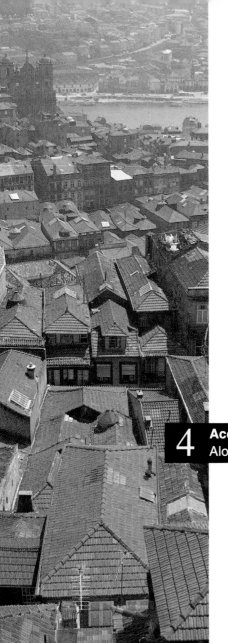

4 Accommodations
Alojamento

Information
Informações

Could you (*for* & *s-for*) please recommend to me . . .	Se faz favor, pode-me recomendar. . .
a good hotel?	um bom hotel?
an inexpensive hotel?	um hotel simples?
a boarding house?	uma pensão?
a private room?	um quarto particular?

Is it downtown/in a quiet area/near the beach?

Fica no centro/num sítio sossegado/perto da praia?

Do you (*for* & *s-for*) know how much a room would be (cost)?

Sabe quanto pode custar um quarto?

Is there a youth hostel/ campground here?

Há aqui uma pousada de juventude/ um parque de campismo (*Br* um camping)?

Hotel/Guest House/Bed and Breakfast
Hotel/Pensão/Quartos particulares

At the Reception Desk
Na recepção

I reserved a room. My name is . . .

Eu reservei um quarto. O meu nome é . . .

Do you (*for* & *s-for*) still have rooms available?

Ainda tem quartos livres?

. . . for one night?

. . . para uma noite.

. . . for two days/one week

. . . para dois dias/uma semana.

No, sir/ma'am. We're all filled up.

Não, senhor/senhora. Temos tudo cheio.

Yes, we do. What type of room do you (*for* & *s-for*) want?

Temos, sim. Que espécie de quarto deseja?

a single room

um quarto individual

a double room	um quarto de casal
a double room, but with two beds, please	um quarto de casal, mas com duas camas, se faz favor
a quiet room	um quarto sossegado
a sunny room	um quarto com sol
facing the sea	com vista para o mar
facing the street	que fique para o lado da rua
with hot and cold running water	com água corrente quente e fria
with shower	com duche (*Br* chuveiro, ducha)
with bathroom	com casa de banho (*Br* banheiro)
with a balcony/terrace	com varanda/terraço
toward the back of the hotel	que fique para o lado de trás

Can I see the room?

Posso ver o quarto?

I don't like this room. Could you (*for & s-for*) show me another, please?

Não gosto deste quarto. Pode-me mostrar outro, se faz favor?

This room is fine. I'll take it.

Este quarto é bom. Fico com ele.

Can you (*for & s-for*) add another bed/a child's bed?

Pode pôr mais uma cama/uma cama de criança?

How much is the room with . . .

Quanto custa o quarto com . . .

   breakfast?

   pequeno almoço, *Br* café da manhã?

   bed and breakfast (and one hot meal)?
   room and full board (with breakfast and two hot meals)?

   meia pensão?

   pensão completa?

Would you (*for & s-for*) please fill out this registration card?

Quer fazer o favor de preencher esta ficha?

Would you (*for & s-for*) show me your passport/ your identity card?

Pode-me mostrar o seu passaporte/ o seu bilhete (*Br* a sua carteira) de identidade?

Could you (*for & s-for pl*) please take the luggage to the room?

Podem-me fazer o favor de levar a bagagem para o quarto?

Where can I leave the car?

Onde posso deixar o carro?

In our garage/In our parking lot.

Na nossa garagem./No nosso parque de estacionamento.

Does the hotel have a pool/ private beach?

O hotel tem piscina/praia privativa?

Talking to the Hotel Staff

Para se dirigir ao pessoal do hotel

When do they begin serving breakfast?

A partir de que horas se pode tomar o pequeno almoço (*Br* o café da manhã)?

When are meals served?

A que horas são as refeições?

Where's the dining room?

Onde é a sala de jantar?

Where is breakfast served?

Onde se toma o pequeno almoço (*Br* o café da manhã)?

One floor down.

Um andar abaixo.

Do you (*for & s-for*) wish to have breakfast in your room?

Quer tomar o pequeno almoço (*Br* o café da manhã) no quarto?

Send breakfast to my room at . . . o'clock, please.

Mande-me o pequeno almoço (*Br* o café da manhã) ao quarto às . . . horas, se faz favor?

For breakfast I'll have . . .	Ao pequeno almoço (*Br* No café da manhã) tomo . . .

black coffee.	café só.
bread/rolls/toast.	pão/pãezinhos/torradas.
butter.	manteiga.
cheese.	queijo.
chocolate.	chocolate.
coffee with milk.	café com leite.
cold cuts.	carnes frias.
cooked ham.	fiambre.
a croissant.	um croissant.
decaf(feinated coffee).	café sem cafeína.
fruit juice.	um sumo (*Br* suco) de fruta.
ham and eggs.	ovos com presunto.
herbal tea.	um chá de ervas medicinais.
honey.	mel.
jam	compota de frutas
jam (quince)	marmelada
marmalade	o doce de laranja
scrambled eggs.	ovos mexidos.
a soft-boiled egg.	um ovo quente.
some fruit.	alguma fruta.
tea with milk/lemon.	chá com leite/limão.
yogurt.	um iogurte.

Could you (*for & s-for pl*) give me a snack to take with me tomorrow?	Podem-me dar amanhã uma merenda para eu levar?
Wake me tomorrow at . . . o'clock, please.	Acorde-me amanhã às . . . horas, se faz favor.
Could you (*for & s-for*) please bring me	Podia-me fazer o favor de me trazer

a bar of soap?	um sabonete?
another towel?	mais uma toalha?
some hangers?	umas cruzetas/uns cabides?

How does . . . work?	Como é que funciona . . .?

My key, please.	A minha chave, se faz favor.
Did someone ask for me?	Alguém perguntou por mim?
Is there mail for me?	Há correio para mim?
Have you (*for & s-for*) got postcards/stamps?	Tem postais ilustrados/selos?
Where can I mail this letter?	Onde é que posso deitar esta carta?
Where can I rent/ borrow . . .?	Onde é que posso alugar/ arranjar . . .?
Where can I make a phone call?	Onde posso telefonar?
Can I put my valuables in the safe?	Posso pôr no cofre os meus obje(c)tos de valor?
Can I leave my things here until I come back (return)?	Posso deixar aqui as minhas coisas até eu voltar?

Complaints / Reclamações

The room wasn't clean.	O quarto não foi limpo.
The shower . . .	O duche (*Br* A ducha, O chuveiro) . . .
The toilet flusher . . .	O autoclismo (*Br* A descarga) . . .
The heat . . .	O aquecimento . . .
The light . . .	A luz . . .
The radio . . .	O rádio . . .
The television . . .	A televisão . . .
doesn't work.	não funciona.
The faucet drips.	A torneira pinga.
There's no (hot) water.	Não corre água (quente).

The toilet/sink is clogged up.	A retrete (*Br* privada)/bacia do lavatório está entupida.
The window doesn't close/ doesn't open.	A janela não se fecha/não se abre.
The key doesn't work.	A chave não serve.

Checking Out (Departure)

Partida

I'm leaving this afternoon/ tomorrow at . . . o'clock.	Parto esta tarde/amanhã às . . . horas.
When is check-out time?	Até que horas é que tenho de desocupar o quarto?
Please prepare my bill.	Prepare-me a conta, se faz favor.
Separate bills, please.	Contas separadas, se faz favor.
Do you (*for & s-for pl*) accept dollars/traveler's checks?	Aceitam dinheiro dólares/cheques de viagem?
If some mail still comes for me, please send it to this address.	Se vier ainda algum correio para mim, faça favor de mo mandar para este endereço.
Would you (*for & s-for*) have someone bring my luggage down, please?	Pode mandar trazer para baixo a minha bagagem, se faz favor?
Have my luggage taken to the station/terminal, please.	Mande levar a minha bagagem à estação/ao terminal, se faz favor.
Could you (*for & s-for*) call me a taxi, please?	Pode-me chamar um táxi, se faz favor?
Thank you very much for everything.	Muito obrigado/obrigada por tudo.
Goodbye.	Adeus.

Word List: Hotel/Guest House/Bed and Breakfast

air-conditioning (conditioner)	o ar condicionado
ashtray	cinzeiro
baby-sitting service	baby-sitting
balcony	varanda, o balcão
bar	o bar
barbecue	barbecue
barbecue dinner	o jantar de churrasco
bathroom	casa de banho, *Br* banheiro
bathtub	banheira
bed	cama
bed and breakfast (and one hot meal)	meia pensão
bedclothes	roupa de cama
bedspread	colcha
bidet	o bidé
blanket	o cobertor
boarding house	pensão
bolster	travesseiro
breakfast	pequeno almoço, *Br* o café da manhã
breakfast buffet	pequeno almoço buffet
breakfast room	sala do pequeno almoço (*Br* do café da manhã)
building superintendent	porteiro
chair	cadeira
change of clothes	mudança de roupa
child's bed	cama de criança
clean clothes (change of clothes)	mudança de roupa
to clean	limpar
closet	armário
cold water	água fria
dining room	sala de jantar
dinner	o jantar
doorman	porteiro
elevator	o elevador, o ascensor
extension cord	a extensão
multiple outlet extension cord	tomada intermediária, a extensão múltipla, *Br* o benjamim
extra week	semana suplementar
fan	o ventilador

faucet	torneira
floor	o andar
front desk	a recepção
glass of water	copo de água
hanger	o cabide
hanger (for suits)	cruzeta
heat	aquecimento
heater	aquecimento
high season	estação alta
hot water	água quente
hotel safe	o cofre
janitor	porteiro
key	a chave
lamp	candeeiro
lavatory	lavatório
level (floor)	o andar
light switch	o interruptor
living room	sala de estar
lobby	átrio
lounge	sala de estar
low season	estação baixa
lunch	almoço
maid	criada de quarto
mattress	o colchão
mini-bar	o minibar
mirror	espelho
motel	o motel
night table	mesa-de-cabeceira
night-table lamp	candeeiro de mesa-de-cabeceira
outlet (electrical)	tomada
overnight stay	dormida, *Br* o pernoite
peak season	estação alta
pillow	almofada
neck pillow	rolo para a nuca
playground	o parque infantil
playroom	o parque infantil
plug (electrical)	ficha, *Br* plugue
pool	piscina
kiddie (wading) pool	piscina para crianças
pool-side bar	o bar da piscina
power strip	tomada intermediária, a extensão múltipla, *Br* o benjamim
radio	rádio
rating (hotel)	categoria

reception desk	a recepção
reservation	reserva, a marcação
room	quarto
room and board	comida e alojamento
room and full board	a pensão completa
(with breakfast and two	
hot meals)	
sheet	o lençol
shower	o duche, *Br* a ducha, *Br* o chuveiro
shuttle bus	o transferbus
sink	bacia
social activities program	o programa de animação
television	a televisão
T.V. room	sala de televisão
telephone	o telefone
telephone room (tele)phone	o telefone no quarto
terrace	terraço
toilet paper	o papel higiénico (*Br* higiênico)
towel	toalha
wall socket	tomada
wash basin	bacia
wastebasket	cesto dos papéis
water	água
window	janela
wool(en) blanket	o cobertor de lã

Vacation Rentals: Houses/Apartments
Bangalós (Br. Bangalôs) e apartamentos de férias

Is electricity/water included in the rent?	O consumo de ele(c)tricidade/de água está incluído no aluguer?
Are pets allowed?	São permitidos animais domésticos?
Where do we pick up the house/apartment keys?	Onde é que recebemos as chaves da casa/do apartamento?
Is that also where we have to turn them in later?	É aí também que temos de as entregar depois?
Where are the trash cans?	Onde estão os recipientes para o lixo?
Do we have to pay for the final cleaning?	Temos de pagar nós a limpeza final?

Word List: Vacation Rentals

See also Word List: Hotel/Guest House/Bed and Breakfast

apartment	apartamento
vacation apartment	apartamento de férias
bedroom	quarto de dormir
brochure	prospecto
bunk beds	as camas sobrepostas
cabins	os beliches
cleaning	limpeza
final cleaning	limpeza final
clothes washer	máquina de lavar roupa
coffeemaker	máquina de café
cottage	o bangaló, *Br* bangalô
daybed	o divã
day of arrival	o dia da chegada
dishcloth, dishrag	pano da louça
dishwasher, dishwashing machine	máquina de lavar louça
electrical current	a corrente, a tensão elé(c)trica
electricity	a ele(c)tricidade
total cost of electricity	preço total da ele(c)tricidade
electric stove	o fogão elé(c)trico

garbage, trash	lixo
gas stove	o fogão a gás
heating	aquecimento
central heating	aquecimento central
keys	as chaves
turning in the keys	entrega das chaves
kitchenette	kitchenette
landlord	proprietário (da casa)
living room	sala de estar
pets	os animais domésticos (de estimação)
refrigerator	frigorífico, *Br* geladeira
rent	renda, o aluguer
to rent	alugar
stove	o fogão
studio	estúdio
toaster	torradeira
tourist village	aldeamento turístico
trash	lixo
utilities	as despesas extraordinárias
voltage	a voltagem
water use	consumo de água

Camping

Campismo, *Br* camping

Is there a campground near here?	Há aqui perto um parque de campismo (*Br* um camping)?
Do you (*for & s-for pl*) still have room for a trailer/ tent?	Λinda têm lugar para uma caravana (*Br* um trailer)/ uma tenda?
How much is it per day and per person?	Quanto se paga por dia e por pessoa?
How much is it for a . . .	Quanto se paga por . . .
a car?	um carro?
a trailer/a motor home?	uma caravana (*Br* um trailer)/ uma autocaravana?
a tent?	uma tenda?
Do they rent cottages/ trailers?	Alugam bangalós (*Br* bangalôs)/ caravanas (*Br* trailers)?
Where can I set up my trailer/tent?	Onde posso instalar a minha caravana (*Br* o meu trailer)/a minha tenda?
We're thinking of staying . . . days/weeks.	Pensamos ficar . . . dias/ semanas.
Is there a grocery (store) here?	Há aqui uma mercearia?
Where are . . .	Onde são . . .
the bathrooms?	as casas de banho (*Br* os banheiros)?
the showers?	os duches, *Br* as duchas, *Br* os chuveiros?
the sinks?	os lavabos?
Are there electrical outlets here?	Há aqui tomadas de corrente?

Is the current 220 or 110 (volts)?	A corrente é de 220 (duzentos e vinte) ou 110 (cento e dez)?
Where can I exchange/get bottles of gas?	Onde é que posso trocar/arranjar botijas de gás?
Is the campground guarded at night?	O parque de campismo (*Br* o camping) está guardado durante a noite?
Is there a playground here?	Há aqui um parque infantil?
Could you (*for & s-for*) lend me . . .?	Pode-me emprestar . . .?

Youth Hostels
Pousadas de juventude

Could you (*for & s-for pl*) lend me bedclothes/a sleeping bag?	Podem-me emprestar roupa de cama/um saco-cama?
The gate closes at midnight.	A porta fecha à meia-noite.

Word List: Camping/Youth Hostels

advance notice	pré-aviso, a marcação prévia
to borrow	pedir emprestado
bottled gas (for camping)	o camping-gás
bottle of gas	botija de gás
to camp	acampar
camper's card	o cartão de campista
campground	o parque de campismo, *Br* o camping
camping	campismo, *Br* o camping
camping guide(book)	o guia de campismo
clothes dryer	secadora de roupa
dishwasher	o lava-louça
dormitory	dormitório
drinking water	água potável
electrical current	a corrente
electrical outlet	tomada (de corrente)
electrical plug	ficha, *Br* plugue

innkeepers	os donos da pousada
to lend	emprestar
living room	sala de estar
loan service-charge	taxa de empréstimo
membership card	o cartão de sócio
motor home	autocaravana
oil lamp	candeeiro de petróleo
playground	o parque infantil
propane gas	o gás propano
recreation hall	sala de convívio
room with several beds	quarto com várias camas
sinks	os lavabos
sleeping bag	saco de dormir, saco-cama
stove	o fogão
student residence	o lar de estudantes
tent	tenda
tent guy rope	espia de tenda
tent pole	o pau de fileira
tent stake (peg)	estaca
trailer	caravana, *Br* o trailer
user fee	taxa de utilização
vacation in the countryside	turismo no espaço rural
wall socket	tomada (de corrente)
water	água
water jug (can)	o bidão de água, lata de água
young people (group of)	grupo de jovens
youth hostel	pousada de juventude
youth hostel I.D. card	o cartão de pousada de juventude
youth hostel guidebook	o guia das pousadas de juventude

5 **Eating and Drinking**
Gastronomia

Designations of Portuguese restaurants and bars:

A **café** is basically a European-style café.

A **pastelaria** is a confectionery, or pastry shop.

A **café-restaurante** is a café in which one can also eat lunch or dinner.

A **snack/bar** is an establishment in which one can get a large selection of drinks, as well as sandwiches, side orders, and a variety meals at the counter or at a table.

A **bar** is an establishment that offers drinks of all types.

A **cervejaria** is a beer establishment in which one often eats **mariscos** (seafood).

A **tasca** is a small, traditional establishment where one can find simple meals in addition to drinks.

Eating Out

Ir almoçar/jantar

Could you (*for* & *s-for*) please tell me where there's . . .

Pode-me dizer, se faz favor, onde há aqui . . .

a good restaurant around here?

um bom restaurante?

a traditional restaurant around here?

um restaurante típico?

an inexpensive restaurant around here?

um restaurante não muito caro?

a snack bar around here?

um snack-bar? (*Br* uma lanchonete?)

Where can one eat well/ cheaply near here?	Onde se pode comer bem/barato aqui perto?

At the Restaurant
No restaurante

Could you (*for* & *s-for*) please reserve us a table for four for tonight?	Pode-nos reservar para hoje à noite uma mesa para quatro pessoas, se faz favor?
Until when are meals served?	Até que horas servem refeições?
Is this table/seat free?	Esta mesa/Este lugar está livre?
A table for two/three, please.	Uma mesa para duas/três pessoas, se faz favor.
Could you please tell me where the bathroom is?	Onde é a casa de banho (*Br* o banheiro), por favor?
This way, please.	Por aqui, se faz favor.

Ordering   See also Chapter 4.
Pedido

(Waiter/Waitress), please (bring) . . .	Se faz favor . . .
the beverage list.	a lista das bebidas.
the menu.	a lista, *Br* o cardápio.
the wine list.	a lista dos vinhos.
What do you (*for* & *s-for*) recommend?	O que é que me aconselha?
Do you (*for* & *s-for*) have vegetarian dishes/dietary food?	Tem pratos vegetarianos/comida de dieta?
Do you (*for* & *s-for*) also have children's servings?	Tem também meias doses para crianças?
Have you (*for* & *s-for sg/ pl*) decided yet?	Já escolheu/escolheram?

What would you (*for & s-for*) like for your appetizer/dessert?

O que é que deseja como entrada/de sobremesa?

I want . . .

Quero . . .

For an appetizer/for dessert/for the main course (entree) I want . . .

Como entrada/De sobremesa/Como prato principal quero . . .

I don't want an appetizer.

Eu não quero nenhuma entrada.

I'm sorry, but we don't have any more . . .

Lamento muito, mas já não temos . . .

This dish is by special order only.

Este prato só é feito por encomenda.

I would like . . . instead of . . .Will that be possible?

Olhe, eu queria . . . em vez de . . . Será possível?

I can't eat . . . Can you (*for & s-for*) make this dish without . . ., please?

Eu não posso comer . . . Pode-me fazer este prato sem . . ., por favor?

How do you (*for & s-for*) want your steak?
  medium
  rare
  well-done

Como deseja o bife?

  meio passado
  mal passado, à inglesa
  bem passado

What would you (*for & s-for sg/pl*) like to drink?

O que é que deseja/desejam beber?

A glass of . . ., please.

Um copo de . . ., se faz favor.

A bottle/A split (half-bottle) of . . ., please.

Uma garrafa/Meia garrafa de . . ., se faz favor.

With ice, please.

Com gelo, se faz favor.

Enjoy your meal!, Bon appétit!

Bom apetite!

Would you (*for & s-for sg/pl*) like anything else?

Deseja/Desejam mais alguma coisa?

Please bring us . . .

Traga-nos, se faz favor . . .

Could you (*for & s-for*) please bring us more bread/wine?

Pode-nos trazer mais pão/água/vinho, se faz favor?

Complaints
Reclamações

There's a . . . missing here.	Falta aqui um . . ./uma . . .
Did you (*for & s-for*) forget my . . .?	Esqueceu-se do meu . . . / da minha . . .?
This isn't what I ordered.	Não foi isto que eu pedi.
The food is cold/salty.	A comida está fria/salgada.
The meat is tough/very fatty.	A carne é dura/tem muita gordura.
The fish isn't fresh.	O peixe não é fresco.
Take this back, please.	Leve isto para trás, se faz favor.
Call the manager, please.	Chame o chefe, se faz favor.

The Check
A conta

The bill, please.	A conta, se faz favor.
The bill, please. We're in a hurry.	A conta, se faz favor. Nós estamos com pressa.
(Put it) all on one check, please.	Tudo junto, se faz favor.
Separate checks, please.	Contas separadas, se faz favor.
Is everything included?	Está tudo incluído?
It seems to me that the bill isn't correct.	Parece-me que a conta não está certa.
This didn't come. What came was . . .	Isto não veio. O que veio foi . . .
How was your food (meal)?	Estava bom?
The food (meal) was excellent.	A comida estava excelente.
This is for you (*for & s-for*).	Isto é para si (*Br* para você).
Keep the change.	Está certo.

As a Lunch/Dinner Guest
Quando convidado/convidada para almoçar/jantar

Thank you (*said by m/f*) very much for the invitation!	Muito obrigado/obrigada pelo convite!
Please serve yourself (*for & s-for*)!	Sirva-se, se faz favor!
To your (*for & s-for*) health!	A sua saúde!
Can you (*for & s-for*) pass me . . ., please?	Pode-me dar . . ., se faz favor?
A little more . . .?	Um pouco mais de . . .?
Thank you (*said by m/f*) I've already eaten enough.	Obrigado/Obrigada, já comi bastante.
I'm full (*said by m/f*), thank you.	Estou satisfeito/satisfeita, obrigado/obrigada.
Can (May) I smoke?	Dá-me licença que fume?

Word List: Eating and Drinking   See also Chapter 8.

alcohol	o álcool
alcohol-free, without alcohol	sem álcool
appetizer	entrada
ashtray	cinzeiro
au gratin	gratinado
bar	o bar
bay leaf	louro
beer	cerveja
draft beer	cerveja a copo, a imperial, *Br* o chope
tap beer	cerveja a copo, a imperial, *Br* o chope
bill of fare	ementa, o menu
to boil	ferver
boiled	cozido
bone	osso
bottle	garrafa
bowl	prato fundo/de sopa
bread	o pão
breakfast	pequeno almoço, *Br* o café da manhã
butter	manteiga

chef	cozinheiro
child's serving	prato de criança
clove	cravo-de-cabecinha
coffeepot	cafeteira
cold	frio
condiment	condimento
cook	cozinheiro
cook, to	cozer, cozinhar
cooked	cozido
corkscrew	o saca-rolhas
course (of a meal)	prato
cumin	os cominhos
cup	chávena, *Br* xícara
deep dish	prato fundo
dessert	sobremesa
diabetic	diabético
diet	dieta
dinner	o jantar
dish	prato
dish (meal)	comida, prato
drink	bebida
dry	seco
eating utensils	o talher
fat	gordura
fish bone	espinha
flatware	o talher
flavor	gosto, o sabor
food	comida, prato
fork	garfo
French fries	as batatas fritas
fresh	fresco
fried	frito
fried dish	prato feito na frigideira
frying pan	frigideira (sertã)
garlic	alho
glass	copo
glass of water	copo de água
glass of wine	copo de vinho
gratuity	gorjeta
grill	grelha
on the grill	na grelha
hard	duro
headwaiter	chefe, *Br* garçom
herbs	as ervas
homemade	de fabrico caseiro
hot	quente
hot (spicy)	picante

hungry, to be	ter fome
juicy	suculento
kid's portion	prato de criança
knife	faca
lean	magro
lemon	o limão
lunch	almoço
main course	prato principal
mayonnaise	a maionese
menu	ementa, o menu, *Br* cardápio
menu of the day	ementa/o menu do dia
mustard	mostarda
napkin	guardanapo
noodles	massa
nutmeg	a noz-moscada
oil	óleo
olive oil	o azeite
olives	as azeitonas
onion	cebola
order	pedido
to order	encomendar, pedir
parsley	salsa
pasta	massa
pepper	pimenta
sweet pepper	pimento
pepper shaker	pimenteiro
picante	picante
place setting	o couvert
plate	prato
platter	travessa
poached eggs	ovos escalfados
portion	a dose
potatoes	batatas
French-fried potatoes	batatas fritas
roasted potatoes	batatas coradas
raw	cru
rice	o arroz
roasted	assado
rotisserie (spit)	espeto
on the rotisserie (spit)	no espeto
saccharin	sacarina
salad	salada
salad buffet	o buffet de saladas
salt	o sal
saltshaker	saleiro
sauce	molho
saucer	o pires

to season	temperar
seasoning	condimento
to serve oneself	servir-se
server (*m/f*)	empregado/empregada, *Br* o garçom/a garçonete
serving	a dose
serving dish	prato, travessa
side dish, side order	acompanhamento
silverware	o talher
slice	fatia
smoked	(de)fumado
soup	sopa
soup dish	prato fundo/de sopa
sour	azedo
special of the day	prato do dia
specialty	a especialidade
spicy	picante
spoon	a colher
spot	nódoa
stain	nódoa
stewed (meat)	estufado
straw (drinking)	palhinha
stuffed	recheado
stuffing	recheio
succulent	suculento
sugar	o açúcar
tablecloth	toalha de mesa
taste	gosto, o sabor
to taste	provar
teapot	o bule, chaleira
teaspoon	a colher de chá
tender	tenro
tip	gorjeta
toothpick	palito
tough	duro
to try	provar
to uncork	desarrolhar, tirar a rolha
vegetarian	vegetariano
vinegar	o vinagre
waiter/waitress	empregado/empregada, *Br* o garçom/a garçonete
water	água
water glass	copo para água
well-done/well-cooked	bem cozido/assado/passado
wine	vinho
wineglass	copo para vinho
wine list	lista dos vinhos

Menu

Ementa

Soups

Bread-thickened soup
Chicken with rice soup
Fish chowder
Shredded kale and potato soup
Tomato and onion soup
Vegetable soup

Sopas

Açorda
Canja
Sopa de peixe
Caldo verde
Sopa de tomate e cebola
Sopa de legumes

Appetizers

Anchovies with olives
Clams with lemon
Cold asparagus
Melon with cured
  (smoked) ham
Sardines in olive oil
Snails
Tuna salad

Acepipes

Anchovas com azeitonas
Amêijoas com limão
Espargos frios
Melão com presunto

Sardinhas em azeite
Caracóis
Salada de atum

Fish

Codfish with everything
  (onions, eggs, potatoes,
  garlic, etc.)   ,
Eel stew
Gilthead
Grilled corvina
Hake Portuguese style
Horse (Jack) mackerel
Portuguese bouillabaisse
Ray
Roasted sardines
Salmon
Scabbard fish
Sea bream
Sole
Swordfish
Tuna
Turbot fillets

Seafood

Boiled lobster
Grilled prawns
Grilled shrimp
Lobster
Mussels in onion sauce
Pressure-cooked clams
  (or mussels) and pork
Squid Seville style
Steamed clams in the shell

Peíxe

Bacalhau com todos

Ensopado de enguías
Dourada
Corvina grelhada
Pescada à portuguesa
Carapau
Caldeirada
Raia
Sardinhas assadas
Salmão
Peixe espada
Pargo
Linguado
Espadarte
Atum
Filetes de cherne

Mariscos

Lagosta cozida
Gambas na grelha
Camarão grelhado
Lavagante
Mexilhões de cebolada
Cataplana

Lulas à sevilhana
Amêíjoas ao natural

Meat	Carne
Barbecue	**Churrasco**
Calf's brains	**Miolos de vitela**
Calf's liver	**Fígado de vitela**
Cow's tongue	**Língua de vaca**
Fried liver with garlic	**Iscas**
Grilled meat	**Carne na grelha**
Kid (young goat)	**Cabrito**
Kidney sauté	**Sauté de rins**
Kidneys	**Rins**
Leg of calf	**Perna de vitela**
Loin of mutton	**Lombo de carneiro**
Meat rolls	**Rolinhos de carne**
Minced lung	**Bofes picados**
Pork Alentejo style	**Carne de porco à alentejana**
Pork chop	**Costeleta de porco**
Roast beef	**Rosbife**
Roast pork	**Porco assado**
Roast suckling pig	**Leitão assado**
Steak in onion sauce	**Bife de cebolada**
Steak Portuguese style	**Bife à portuguesa**
Stuffed sweet red peppers	**Pimentões recheados**
Tripe	**Dobrada**
Veal cutlet	**Escalope de vitela**
Veal scaloppini (Milanese)	**Escalope à milanesa**

Fowl and Game

Duck
Fried turkey steak
Hare
Partridge
Rabbit
Roast chicken

Aves e caça

Pato
Bife de peru frito
Lebre
Perdiz
Coelho
Frango assado

Vegetables

Artichokes
Asparagus
Beet sprouts
Cucumbers
Fried eggplant
Green beans
Lettuce
Mushrooms
Potatoes

Legumes

Alcachofras
Espargos
Grelos
Pepinos
Beringelas fritas
Feijão verde
Alface
Cogumelos
Batatas

Dessert

Almond tart
Apple compote
Flan custard
Ice cream
Meringue
Mixed-flavor ice cream
Pear Helena
Rice pudding
Roasted apple

Sobremesa

Tarta de amêndoa
Compota de maçã
Pudim flan
Sorvete
Suspiro
Gelado misto
Pêra Helena
Arroz doce
Maçã assada

Beverage List
Lista de bebidas

Liqueurs, Brandies, Cognac, and Apéritifs

Arbutus-berry liqueur
Beirão herb liqueur
Cherry liqueur
Fig brandy
Grape-skin brandy
Madeira wine
Port wine
A Portuguese Brandy

Wines

Dry table wine
  from Colares
Dry white wine
  from Bucelas
Light wine with
  natural tartness
Red wine
Table wine from
  central Portugal
White wine

Nonalcoholic drinks

Coffee (with milk)
Coffee with milk in a glass
Hot coffee-flavored milk
Lemonade
Mineral water
  with/without carbonation
Orange juice
Strong black coffee
  (in demitasse)
Tea with milk/lemon
Orangeade

Licores, Brandies, Aguardentes e Aperitivos

Medronho
Licor Beirão
Ginjinha
Aguardente de figos
Bagaço
Madeira
Porto
Macieira

Vinhos

Colares

Bucelas

Vinho verde

Vinho tinto
Dão

Vinho branco

Bebidas não alcoólicas

Café (com leite)
Galão
Garoto
Limonada
Àgua mineral
  com/sem gás
Sumo de laranja
Bica

Chá com leite/limão
Laranjada

6 **Culture and Nature**
Cultura e natureza

At the Visitor's (Tourist) Center
No Turismo

I would like a plan (map) of . . .	Queria uma planta de . . .
Do you have (*for* & *s-for*) brochures for . . .?	Tem prospectos de . . .?
Do you have (*for* & *s-for*) a program of this week's events?	Tem um programa dos espe(c)táculos desta semana?
Are there city tours (excursions)?	Há excursões para visita à cidade?
How much does the tour cost?	Quanto custa a excursão?

Places of Interest/Museums
Monumentos/Museus

What is there of interest to see here?	O que há aqui de interessante para ver?
We would like to visit . . .	Gostaríamos de visitar . . .
When is the museum open?	Quando é que o museu está aberto?
When does the guided tour begin?	A que horas começa a visita guiada?
Is there also a guided tour in English?	Há também uma visita guiada em inglês?
Can you (one) take pictures here?	Aqui podem-se tirar fotografias?
What is this square (plaza)/church called?	Como se chama esta praça/igreja?
Is this (no gender) . . .?/Is this (masculine) the . . .?/Is this (feminine) the . . .?	Isto é . . .?/É este o . . .?/É esta a . . .?
When was the building built/restored?	Quando foi construído/restaurado este edifício?

From what period (epoch) is this building/contruction?	De que época é este edifício/esta construção?
Are there still other works by this architect in the city?	Há ainda outras obras deste arquite(c)to na cidade?
Is the (archeological) excavation already completed?	As escavações já estão concluídas?
Where are the finds exhibited?	Onde é que os achados estão expostos?
Who did this painting/ sculpture?	Quem é autor deste quadro/desta escultura?
Is there a catalogue of the exhibit?	Há um catálogo da exposição?
Do you (*for & s-for*) have a poster/postcard/slide of this painting?	Tem um poster/postal/diapositivo com este quadro?

The elevator by the architect Eiffel, Lisbon

Word List: Places of Interest/Museums

abbey	abadia
age, epoch	época
altar	o altar
ambulatory, deambulatory (aisle surrounding the end of the choir of a church)	deambulatório
amphitheater	anfiteatro
ancient	antigo
apogee	o apogeu
arcade	arcada
arch	arco
ogee arch	arco ogival
round arch	arco de volta inteira
semi-pointed arch	de meio ponto
archaeology	arqueologia
architect	arquite(c)to
architecture	arquite(c)tura
arch of triumph	arco de triunfo
arena	arena
balcony	o balcão, sacada
balustrade	balaustrada
baptismal font	pia ba(p)tismal
Baroque, baroque	barroco
bell	sino
bell tower	campanário
bishopric	a sede de bispado
bridge	a ponte
bronze	o bronze
Bronze Age	a Idade do Bronze
building	edifício
to burn	queimar
bust (sculpture)	busto
buttress	o botaréu
candlestick	o castiçal
capital (of a column)	o capitel
carving	talha
castle	castelo, palácio
catacombs	as catacumbas
cathedral	a catedral
Catholic	católico/católica
ceiling	te(c)to
ceiling mural	pintura do te(c)to

cemetery	cemitério
central nave	a nave central
century	século
ceramics	cerâmica
changing of the guard	o render da guarda
chapel	capela
choir	coro
choir loft	tribuna
Christian	o cristão
Christianity	cristianismo
church	igreja
Cistercian	cisterciense
citadel, fortress	cidadela
city	cidade
the old part of the city	a parte antiga da cidade
city center	centro da cidade
city of birth	a cidade natal
city walls	as muralhas da cidade
cloister	claustro
column	coluna
confession	a confissão
construction	a construção
convent, monastery	convento, mosteiro
conventual/monastic church	igreja conventual/monástica
copper engraving	gravura em cobre
copy	cópia
Corinthian	coríntio
courtyard	pátio, a corte
interior courtyard	pátio interior
craftmanship	artesanato
cross	a cruz
crucifix	crucifixo
crypt	cripta
cult of the dead	culto dos mortos
cupola	cúpula
customs/folkways (popular traditions)	os costumes/as tradições populares
decoration	ornamento
design	o design, desenho
dig (archeological)	as escavações
dome	cúpula
domed building	edifício com cúpula
Doric	dórico
downtown, center of the city	centro da cidade

Belem

dynasty	dinastia
early work	obra da juventude
earthenware	olaria
emperor/empress	o imperador/a imperatriz
engraving on wood	gravura em madeira, xilogravura
etching	a água-forte
excavation (archeological)	as escavações
excursion	a excursão
exhibit	a exposição
exposition	a exposição
facade	fachada
finds	os achados
fortress	fortaleza, cidadela
foundation(s)	os alicerces, a base
fresco	fresco, *Br* afresco
frieze	friso
gable, pediment	o frontão
gallery	galeria
church gallery	tribuna
picture gallery	a cole(c)ção de quadros, pinacoteca
gate, gateway	o portão, porta
Gobelin (famous French tapestry)	gobelim/gobelino

goldsmith's shop	ourivesaria
gothic	gótico
high gothic	gótico clássico
government building	edifício do Governo
graphic arts	as artes gráficas
Greek	grego
the Greeks	os Gregos
ground plan, map	planta
guide	o guia
guided tour	visita guiada
historical center	centro histórico
history	história
holy place	o lugar sagrado
illustration	a ilustração
India ink	tinta da China
influence	influência
inlaid work	os embutidos
inscription	a inscrição
Ionic	jónico
Jew	o judeu
king	o rei

*Church of Bom Jesus
Do Monte, Braga*

lancet arch	arco ogival
library	biblioteca
lithography	litografia
main entrance	entrada principal, o portal
Manueline	manuelino
Manueline style	estilo manuelino
marble	o mármore
market	mercado
indoor market	mercado coberto
mass	missa, ofício divino
material	o material
mausoleum	o mausoléu
mayor (*m/f*)	o/a presidente da Câmara Municipal, *Br* prefeito/prefeita, o/a burgomestre

medieval	medieval
mercantile city	a cidade mercantil
Middle Ages	a Idade Média
model	modelo, maqueta
modern	moderno
monastery	convento, mosteiro
monastic church	igreja monástica
monument	monumento
mosaic	mosaico
multivision show	espe(c)táculo de multivisão
mural	pintura mural
museum	o museu
museum home	casa-museu
museum of ethnology	o museu de etnologia
nave (of a church)	a nave
nave and main isle of the church	corpo da igreja
nude	o nu
object on display	obje(c)to exposto
odeum	o odeão
oil painting	pintura a óleo
old	antigo
opera	ópera
order (religious)	a ordem
organ	o órgão
original	o original
ornament	ornamento
ornamental vessel	jarra
pagan	pagão

painter (*m/f*)	o pintor/a pintora
painting	quadro, pintura
landscape painting	pintura de paisagens
painting gallery	a cole(c)ção de quadros, pinacoteca
palace	palácio
parchment	pergaminho
pastel	o pastel
pavillion	o pavilhão
Phoenician	fenício
photomontage	a montagem fotográfica
photograph	fotografia
pilgrim (*m/f*)	peregrino/peregrina
pilgrimage	a peregrinação
placard	o cartaz
poster	o cartaz
pillar	o pilar
porcelain	porcelana
portal	o portal
portrait	retrato
pottery, pottery workshop	olaria
prehistoric	pré-histórico
preservation of the monuments	a prote(c)ção dos monumentos
priest	o sacerdote, o padre
protestant	o protestante
pulpit	púlpito
queen	rainha
to reconstruct	reconstruir
relief	relevo
religion	a religião
remains	os restos
Renaissance	Renascimento, Renascença
restoration	a restauração, restauro
to restore	restaurar
Roman	romano
Romance	românico
Romanesque (style)	(estilo) românico
Romans	os Romanos
roof	telhado
rose window	rosácea
ruin	ruína
ruins of a city	a cidade em ruínas
sack (pillaging)	o saque, a pilhagem
sacristy	sacristia

sanctuary	santuário
sandstone	arenito
sarcophagus	sarcófago
school	escola
sculptor	o escultor
sculpture	escultura
see (of a bishop)	a sede (de bispado)
sepulcher	túmulo, sepultura
serigraphy	serigrafia
ship	navio
silkscreen (process)	serigrafia
spring, well	a fonte, poço

Glazed, colored tiles, Queluz

square	praça
stained glass	pintura em vidro, os vitrais
statue	estátua
still life	natureza morta
Stone Age	a Idade da Pedra
stucco (plaster)	o estuque
style	estilo
symbol	símbolo
synagogue	sinagoga
tapestry	o tapete

temple	templo
terra cotta	terracota
theater	teatro
tomb	túmulo, sepultura
tombstone	pedra tumular
torso	torso
tour	a excursão
tower	a torre
Town Hall	Câmara Municipal, *Br* Prefeitura
transept (of a church)	cruzeiro, transepto
transverse nave	a nave transversal
treasure	tesouro
university	a universidade
vase	jarra
vault	cúpula, abóbada
visit	visita
visit to the city	visita à cidade
wall	a parede, muro
wall painting	pintura mural
watercolor	aguarela
weaving	a tecelagem
window	janela
window casement	o batente
wing	ala
woodcarving	talha
woodcut	gravura em madeira, xilogravura
work	obra
latter work	obra da fase final

Excursions
Excursões

Can you (one) see from here . . .?	Pode-se ver daqui . . .?
In what direction is it?	Em que dire(c)ção fica . . .?
Do we go through/by . . .?	Passamos pelo/por . . .?
Are we also going to visit . . .?	Vamos visitar também . . .?
How much free time do (will) we have in . . .?	Quanto tempo livre temos em . . .?
What time will we return?	A que horas regressamos?
When will we arrive?	A que horas chegamos?

Word List: Excursions

amusement park	o parque de lazeres
astronomical observatory	observatório astronómico (*Br* astronômico)
back country (interior)	o interior, o hinterland
bird sanctuary	reserva ornitológica
botanical garden	o jardim botânico
cave	gruta
cavern	caverna, gruta
cave with stalactites and stalagmites	gruta de estalactites e estalagmites
cliff	escolho
environs	os arredores
excursion, day trip	a excursão/o passeio de um dia
farm	quinta
fishing harbor	porto de pesca
fishing village	a povoação/vila piscatória
forest	floresta, o bosque
forest fire	incêndio florestal
game preserve	reserva de caça
gorge	desfiladeiro, garganta
grotto	caverna, gruta
hinterland	o interior, o hinterland

Cork oaks

interior (back country)	o interior, o hinterland
lake	lago
landscape, scenery	a paisagem
lava	lava
market	praça
mountains	serra, as montanhas
mountain village	aldeia na montanha
museum village	aldeia-museu
national park	o parque nacional
nature preserve	reserva natural
open-air museum	o museu ao ar livre
outskirts	os arredores
overlook	miradouro
panorama	o panorama
pass (gorge)	portela, desfiladeiro, garganta, colo
place of pilgrimage	o lugar de peregrinação/de romaria
planetarium	planetário
plaza	praça
ravine (pass)	desfiladeiro, garganta
recreation park	o parque de lazeres
reef	o recife

Collecting resin

safari park	o parque de safári
scenic viewing place	miradouro
sea	o mar
square	praça
stroll	passeio
suburb	subúrbio, bairro periférico, os arredores
tour	a excursão
tour around the island	a excursão pela ilha
valley	o vale
volcano	o vulcão
waterfall	queda de água, catarata
woods	floresta, o bosque
zoological garden, zoo	o jardim zoológico

Events/Entertainment
Espe(c)táculos/Diversões

Theater/Concert/Movies

Teatro/Concerto/Cinema

What play arc thcy putting on tonight (at the theater)?	Qual é a peça que vai hoje à noite (no teatro)?
What's showing tomorrow night at the movie theater?	O que há amanhã à noite no cinema?
Are there concerts in the Cathedral?	Há concertos na catedral?
Can you (*for & s-for*) suggest a good (theater) play to me?	Pode-me aconselhar uma boa peça de teatro?
When does the show start?	A que horas começa o espe(c)táculo?
Where can you (one) buy tickets?	Onde se podem comprar os bilhetes?
Two tickets for tonight/ tomorrow night, please.	Dois bilhetes para hoje à noite/ amanhã à noite, se faz favor.
Two . . . tickets (seats) please.	Dois bilhetes de . . . se faz favor.
Two adults and one child.	Dois adultos e uma criança.
Could you (*for & s-for*) give me a program, please?	Pode-me dar um programa, se faz favor?
When does the show end?	A que horas acaba o espe(c)táculo?
Where's the coat-check room?	Onde é o bengaleiro?

Word List: Theater/Concert/Movies

accompaniment	acompanhamento
act	a(c)to
actor/actress	o a(c)tor/a a(c)triz
advance sale	venda antecipada
artistic direction	a dire(c)ção artística
ballet	o ballet, bailado, *Br* o balé
ballet dancer/ballerina	bailarino/bailarina
cabaret (theater)	teatro de crítica humorística/ de revista
choir	coro
chorus	coro
cinema	o cinema
circus	circo
coat-check room	bengaleiro
comedy	comédia
composer (*m/f*)	o compositor/a compositora
concert	concerto
chamber music concert	concerto de câmara
church music concert	concerto de música sacra
jazz concert	concerto de jazz
conductor (orchestra)	maestro
play (theatrical)	o drama
curtain (theater)	pano
drive-in (movie theater), open-air movie	o cinema ao ar livre
festival	o festival
film	o filme
gallery	galeria
intermission	intervalo
movie actor/actress	o a(c)tor/a a(c)triz de cinema
movie theater	o cinema
drive-in movie theater	o cinema ao ar livre
musical (theatrical)	o musical
musical comedy	comédia lírica
open-air movie	o cinema ao ar livre
open-air theater	teatro ao ar livre
opera	ópera
operetta	opereta
opera glasses	binóculo de teatro
orchestra	orquestra
orchestra seats	plateia (*Br* platéia)
original version	a versão original

part (role)	o papel
performance (acting)	a representação, a sessão
play (theater)	peça de teatro
popular play	peça popular
pop concert	concerto pop
premiere	estreia (*Br* estréia)
private box (in a theater)	o camarote
program	o programa
program/schedule of shows (events)	o programa/calendário dos espe(c)táculos
revue (theatrical)	teatro de crítica humorística/de revista
role (theatrical)	o papel
starring role	o papel principal
show	espe(c)táculo
singer (*m/f*)	o cantor/a cantora
soloist	o/a solista
stage production	a encenação
stage (theatrical)	palco
staging (theatrical)	a encenação
subtitles	as legendas
symphony concert	concerto sinfónico (*Br* sinfônico)
ticket	o bilhete
ticket window	bilheteira (*Br* bilheteria)
tragedy	tragédia
variety show	as variedades

Bar/Discotheque/Nightclub

Bar/Discoteca/Boîte, *Br* Boate

What shows with local color are there tonight?	Que espe(c)táculos típicos há aqui à noite?
Is there a bar here with a pleasant atmosphere?	Há aqui um bar com um ambiente agradável?
Where can one go dancing here?	Onde é que aqui se pode ir dançar?
Do you find a younger or older crowd there?	O que lá se encontra é antes um público jovem ou já mais velho?
Is formal wear (formal attire) advised?	É aconselhado traje a rigor?
The price of admission includes a drink.	No preço da entrada está incluída uma bebida.

A beer, please.	Uma cerveja, por favor.
The same thing again.	Outra vez o mesmo.
I'll pay for this round.	Esta rodada pago eu.
Shall we dance (again)?	Vamos dançar (outra vez)?
Are we still going to take a walk (stroll)?	Vamos dar ainda um passeio?

Word List: Bar/Discotheque/Nightclub

band (musical)	conjunto, a band
bar	o bar
casino	casino, o salão de jogos
dance	dança, baile
dance music	música de dança
dance orchestra	orquestra de dança
to dance	dançar
disc jockey	o discjockey, *Br* o disc-jóquei
discotheque	discoteca
doorman	porteiro
fashion show	a passagem de modelos
folklore	o folclore
folklore show	espe(c)táculo de folclore
gambling casino	casino, o salão de jogos
to go out	sair
music	música
live music	música ao vivo
nightclub	a boite, *Br* a boate
show	espe(c)táculo, o show
tavern	tasca, taberna

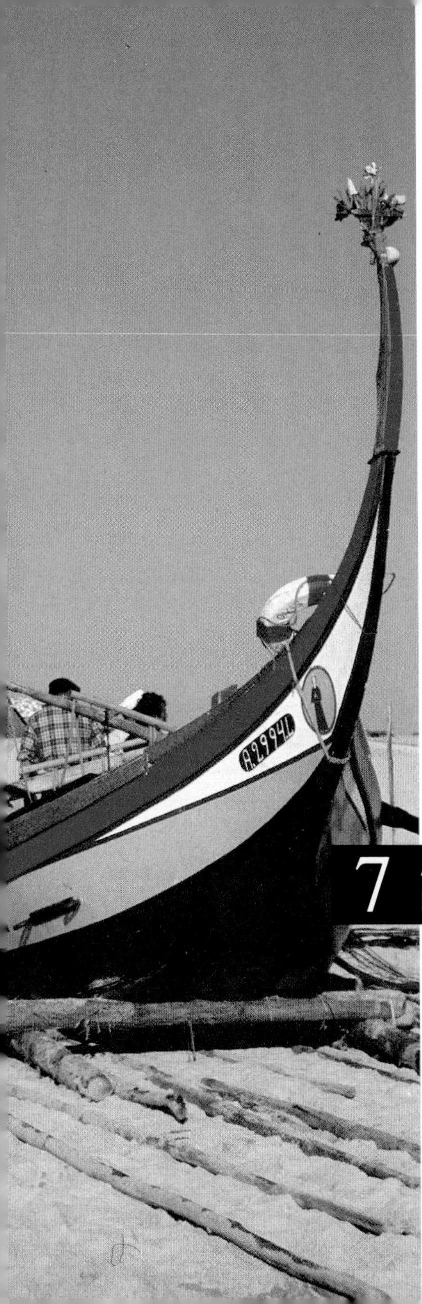

7 At the Beach/Sports
Na praia/Desporto

At the Swimming Pool/At the Beach
Na piscina/Na praia

Is there a(n) . . . here?
outdoor pool?
indoor (covered) pool?
hot pool?

Há aqui uma ...
piscina ao ar livre?
piscina coberta?
piscina termal?

One ticket (with cabana), please

Um bilhete (com cabina), se faz favor.

Swimmers only!

Só para nadadores!

Diving (into the pool) prohibited!

É proibido saltar para a piscina!

No swimming (allowed)!

É proibido tomar banho!

Is the beach sandy/stony/rocky?

A praia é de areia/é pedregosa/tem rochas?

Are there sea urchins/jellyfish here?

Há aqui ouriços-do-mar/alforrecas?

How far out can (may) you (one) swim?

Até onde se pode nadar?

Is the current strong?

A corrente é forte?

Is it dangerous for children?

E perigoso para as crianças?

When is it low tide/high tide?

A que horas é a maré baixa/a maré cheia?

I would like to rent . . .
a boat.
a pair of water skis.

Queria alugar . . .
um barco.
um par de esquis aquáticos.

How much does it cost per hour/per day?

Quanto se paga por hora/por dia?

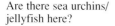

Sports

Desporto, *Br* Esporte

What sporting events do they have here?	Que manifestações desportivas há aqui?
What sports can you (one) practice here?	Que desportos (*Br* esportes) se podem praticar aqui?
Is there a golf course/tennis court/horse-racing track here?	Há aqui um campo de golfe/um campo de ténis (*Br* tênis)/um hipódromo?
Where can you (one) go fishing (with pole and line)?	Onde é que se pode pescar à linha?
I'd like to go see the soccer game/bullfight.	Queria ir ver o jogo de futebol/a tourada.
When/where is it?	Quando é/Onde é?
How much does it cost to get in? (What's the admission cost?)	Quanto custa a entrada?
Are there good ski runs in the mountains?	Há boas pistas de esqui nas montanhas?
I'd like to take a hike through the hills.	Gostaria de dar um passeio pelos montes.
Could you (*for & s-for*) show me an interesting route on the map?	Pode-me indicar no mapa um itinerário interessante?
Where can I rent . . .?	Onde é que posso alugar . . .?
I'd like to take a course in . . .	Queria fazer um curso de . . .
What sport do you (*for*) play?	Que desporto (*Br* esporte) pratica o senhor/a senhora?
I play . . .	Eu jogo . . .

I'm a fan of . . .	Sou um entusiasta de . . .
I like to go . . .	Gosto de ir . . .
Can (May) I play too?	Também posso jogar?

Beach at Nazaré

Word List: Sports

aerobics	aeróbica
air mattress	o colchão pneumático
alpinism	alpinismo
athlete (*m/f*)	o/a desportista
athletics	atletismo
awning	toldo
badminton	o badminton
ball	bola
basketball	o basquetebol
bath towel	toalha de banho
bay (with a beach)	baía (com praia)
beach	praia
private beach	praia privativa
beach umbrella	o guarda-sol
beginner	o principiante

bicycle	bicicleta
bicycle race	corrida de bicicletas
bicycle ride	passeio de bicicleta
to bicycle, bicycling	andar de bicicleta
boat rental	o aluguer de barcos
bowling	o bowling
bullfight	tourada
canoe	canoa
Indian (Canadian)	canoa canadiana
canoeing	
chaise longue	cadeira de repouso
championship	campeonato
competition	a competição
course	curso
cricket	o críquete
cycling	ciclismo
deep-sea fishing	pesca de alto mar
defeat	derrota
to dive	mergulhar
diving board	o trampolim
diving equipment	equipamento de mergulhador
diving goggles (mask)	os óculos de mergulhador
doubles (as in tennis,	jogo a pares
badminton, etc.)	
dune	duna
equitation	a equitação
exercise, (physical) fitness	ginástica
workout	
figure skating (on ice)	a patinagem artística (sobre o gelo)
fishing license	licença de pesca
fishing rod (pole)	cana de pesca
flotation device	bóia
game	jogo, partida
goal	baliza, golo, *Br* o gol
goalie	o guarda-redes, *Br* goleiro
golf	o golfe
golf club	taco de golfe
Greco-Roman wrestling	luta greco-romana
gymnastics	ginástica
half (of a game)	parte (dun jogo/partida)
first/second half	primeira/segunda parte
halftime	meio-tempo
handball	o andebol

hang gliding	voo (*Br* vôo) em asa delta, delta-plan
hike	marcha
hiking trail	circuito turístico
hockey	o hóquei
ice hockey	o hóquei sobre o gelo
roller hockey	o hóquei em patins de rodas
horse	cavalo
horseback ride	passeio a cavalo
horseback riding	montar a cavalo, andar a cavalo
horsemanship, equitation	a equitação
horse race	corrida de cavalos
inflatable boat	barco pneumático
jazz dance	dança com música de jazz
to jog (go jogging)	fazer jogging
jogging	o jogging
judo	judo
karate	o caraté (*Br* caratê)
life buoy	bóia
lifeguard	banheiro, *Br* o salva-vidas
to lose	perder
loss	derrota
match	partida
miniature golf	o minigolfe
motor boat	barco a motor
motorcycling	motociclismo
motoring	automobilismo
mountain climbing	alpinismo
mountaineering	alpinismo
net	a rede
ninepins	jogo dos paus
nudist beach	praia de nudistas
outcome	resultado
parachute jumping, parachuting	o pára-quedismo
paraglider	o planador a pára-quedas
pebble	seixo
pedal boat	gaivota, barco de pedais
physical fitness center	centro de fitness
physical fitness training	treino para apurar a condição física
physical fitness vacation	as férias a(c)tivas
ping-pong	o ténis (*Br* tênis) de mesa, o pingue-pongue
player	jogador

advanced player	jogador adiantado
playing field	campo desportivo (*Br* de esporte)
polo	pólo
water polo	pólo aquático
pool	piscina
outdoor pool	piscina ao ar livre
seawater pool	piscina de água do mar
program	o programa
race	corrida
racket	raqueta
referee	árbitro
regatta	regata
result	resultado
rowboat	barco a remos
rowing	remo
rugby	o râguebi, *Br* o rúgbi
sail	vela
sailboat	barco à vela
sand	areia
sauna	sauna
shower (as bath)	o duche, *Br* a ducha, *Br* chuveiro
shuttlecock (badminton)	o volante de badminton
skateboard	o skateboard
skate, to	patinar
skates	os patins
ice skating	a patinagem sobre o gelo
roller skates	os patins de rodas
ski, skiing	o esqui
Alpine skiing	o esqui alpino
ski binding	a fixação
ski chair lift	teleférico de cadeiras
ski goggles (mask)	os óculos de esqui
skiing course	curso de esqui
ski instructor	o instrutor de esqui
ski lift	teleférico
ski poles	os sticks de esqui
ski rope-tow	o telesqui
skittle	jogo dos paus
sled	o trenó
to sled	andar de trenó
snorkel	o respirador
soccer	o futebol
soccer field	campo de futebol
soccer game	jogo de futebol

sport	desporto, *Br* esporte
individual sport	jogo individual
squash (game)	o squash
surfboard	prancha de surf
surfing	o surf
to swim	nadar
swim flippers (fins)	as barbatanas
swimmer	o nadador
nonswimmer	não nadador
swimming	a natação
tanning bed	solário
team	equipa, *Br* o time
soccer team	equipa (*Br* o time) de futebol
tennis	o ténis (*Br* tênis)
table tennis	o ténis (*Br* tênis) de mesa, o pingue-pongue
tennis racket	raqueta de ténis (*Br* tênis)
ticket	o bilhete
admission ticket	o bilhete de entrada
ticket window	bilheteira, *Br* bilheteria
tied (game)	empatado
toboggan	o trenó
to toboggan	andar de trenó
training session, lesson	a lição
victory, win	vitória
volleyball	o voleibol
water wings (flotation device for children)	bóia para crianças
whirlpool	remoinho, sorvedouro
to win	ganhar
wind screen	o pára-vento

Questions/Prices
Perguntas/Preços

Store hours	Horário de abertura
open/closed/closed for the holiday	aberto/encerrado/encerrado para férias
Where can I find . . .?	Onde posso encontrar . . .?
Can you (*for & s-for*) direct me to a . . . store?	Pode-me indicar uma loja de . . .?
Have you (*for & s-for m/f*) been waited on?	Já está a ser atendido/atendida?
Thank you (*said by a m/f*), I'm just looking.	Obrigado/Obrigada, eu quero só ver.
I would like . . .	Queria . . ./Gostaria de . . .
Do you (*for & s-for*) have . . .?	Tem . . .?
Show me . . ., please.	Mostre-me . . ., se faz favor.

Please, . . .
  a pair of . . .
  a piece of . . .?
	Se faz favor, . . .
	  um par de . . .
	  um pedaço de . . .

Could you (*for & s-for*) show me another . . . please?	Pode-me mostrar outro/outra . . . se faz favor?
Do you have (*for & s-for*) any cheaper?	Tem também mais barato?
I like this one. I'll take it.	Gosto deste/desta. Vou levá-lo/levá-la.
How much is it? (How much does it cost?)	Quanto custa?

Do you (*for & s-for pl*) accept . . .
  dollars?
  eurochecks?
  credit cards?
  traveler's checks?
	Aceitam . . .
	  dólares?
	  eurocheques?
	  cartões de crédito?
	  cheques de viagem?

Could you (*for & s-for*) wrap it, please?	Pode embrulhar, se faz favor?
I would like to exchange this.	Queria trocar isto.

Word List: Stores

antique shop	loja de antiguidades, antiquário
appliance store	loja de artigos elé(c)tricos
art dealer	o negociante de obje(c)tos de arte
bakery	padaria
barber shop	barbearia
bazaar	o bazar
beauty salon	o salão de cabeleireiro
boating equipment	os apetrechos para barcos
bookstore	livraria
used-book dealer	o alfarrabista
boutique	a boutique
butcher shop	talho, *Br* o açougue
candy store, confectionary	confeitaria, pastelaria
cheese shop	queijaria
clockmaker, clock repair shop	relojoeiro
cosmetics salon	instituto de beleza
craftsmanship	artesanato
dairy	leitaria
delicatessen, sausage shop	charcutaria
department store	o grande armazém
domestics store	loja de artigos domésticos
dressmaker	a modista
drugstore, pharmacy	farmácia, drogaria
dry cleaner	tinturaria
fish market	peixaria
flea market	feira da ladra
florist	florista
fruit store	frutaria
furniture store	a loja/o armazém de móveis
furrier's	loja de peles, pelaria, *Br* peleteria
grocery store	mercearia
hairstylist's	o salão de cabeleireiro

hardware store	loja de ferragens
health food store	loja de alimentação dietética
household wares store	loja de artigos domésticos
jewelry store	joalharia
junk dealer	ferro-velho
laundry, launderette	lavandaria
leather goods store	loja de artigos de couro/pele
liquor store	loja de bebidas alcoólicas
market	mercado
music store	loja de artigos de música
newspaper vendor	o vendedor de jornais
optometrist, optician	óptico, o oculista
pastry shop	pastelaria
perfume shop	perfumaria
photographic supply store	loja de artigos fotográficos
produce shop, greengrocery	o vendedor de hortaliça
record shop	loja de discos
seamstress	a modista
second-hand clothing store	loja de roupas em segunda mão
second-hand store	ferro-velho
self-service	auto-serviço
shoe repairman, shoemaker	sapateiro
shoe store	sapataria
souvenir shop	(loja de) recordações
sporting goods store	(loja de) artigos de desporto (*Br* esporte)
stationery shop	papelaria
supermarket	supermercado
tailor	o alfaiate
tobacco shop, tobacconist	tabacaria
toy store	loja de brinquedos
travel agency	agência de viagens
watch (repair) shop	relojoeiro
wine store	o armazém de vinhos

Groceries

Géneros (*Br* Gêneros) alimentícios

What would you (*for & s-for*) like?	O que deseja?
Please give me . . .	Dê-me, se faz favor, . . .
a kilo (gram) of . . .	um quilo de . . .
ten slices of . . .	dez fatias de . . .
a bit of . . .	um bocado de . . .
a package of . . .	uma embalagem de . . .
a glass of . . .	um copo de . . .
a box/can of . . .	uma caixa/lata de . . .
a bottle of . . .	uma garrafa de . . .
a bag (sack).	um saco.
Could I have a little more?	Pode ser um pouco mais?
Anything else?	Mais alguma coisa?
Could I try a little of this?	Posso provar um pouco disto?
Thank you (*said by a m/f*), that's all.	Obrigado/Obrigada, é tudo.

Word List: Groceries

almonds	as amêndoas
apples	as maçãs
apricots	os damascos
artichokes	as alcachofras
asparagus	os espargos
avocado	o abacate
baby food	a alimentação para crianças
bananas	as bananas
basil	basílico
beans	o feijão
white beans	o feijão branco
beef	a carne de vaca
beer	cerveja
nonalcoholic beer	cerveja sem álcool
bread	o pão
black bread	o pão escuro
white bread	a pão branco
butter	manteiga
cabbage	a couve
cake	bolo
teacakes	os bolos (para chá)
Camembert (cheese)	Camembert, queijo amanteigado
carob	alfarroba
carrots	as cenouras
cauliflower	a couve-flor
celery	aipo
champagne	o champanhe
cheese	queijo
cherries	as cerejas
chestnuts	as castanhas
chicken	frango
chickpeas	o grão
chicory	chicória
chocolate	o chocolate
chocolate bar	barra de chocolate
chop	costeleta
coconut	coco
codfish	o bacalhau
coffee	o café
cold cuts	as carnes frias
cookie	bolacha doce
corn	milho

cottage cheese	o requeijão
crackers (saltine)	bolachas (de água e sal)
cream	as natas
cucumber	o pepino
cutlet	costeleta
dates	as tâmaras
dried meat	a carne seca
eel	enguia
eggplant	as beringelas
eggs	os ovos
free-range eggs	os ovos do campo
fennel	funcho
fish	o peixe
figs	os figos
flour	farinha
fresh	fresco
frogfish	o tamboril
fruit	fruta
garbanzo beans	o grão
garlic	alho
gilthead	dourada
goat (meat)	a carne de cabra
goat's milk cheese	queijo de cabra
kid meat	a carne de cabrito
grapefruit	toranja
grapes	as uvas
green beans	o feijão verde
ground meat	a carne picada
hake	pescada
ham (cooked)	o fiambre, *Br* presunto
ham (cured or smoked)	presunto
herring	o arenque
honey	o mel
honey cake	bolo de mel
ice cream	gelado, sorvete
lamb (meat)	a carne de cordeiro
leek	alho porro
lemonade	limonada
lemons	os limões
lentils	as lentilhas
lettuce	a alface
liver pâté	o patê de fígado
liverwurst	pasta de fígado
lobster	lagosta

mackerel	cavala
margarine	margarina
marmalade	o doce de laranja
mayonnaise	a maionese
meat	a carne
melon	o melão
milk	o leite
mineral water	água mineral
mulberries	as amoras
mussels	os mexilhões
mustard	mostarda
mutton	a carne de carneiro
noodles	massa
nuts	as nozes
oats	aveia
rolled oats	os flocos de aveia
oil	óleo
olive oil	o azeite
olives	as azeitonas
onions	as cebolas
orangeade	laranjada
orange juice	sumo (*Br* suco) de laranja
oranges	as laranjas
oregano	os orégãos
oysters	as ostras
parsley	salsa
pasta	massa
peaches	os pêssegos
pears	as peras
peas	as ervilhas
pepper (black)	pimenta
red/green bell; also	pimento
hot pepper	
plums	as ameixas
pork	a carne de porco
potatoes	as batatas
prawns	as gambas
preserves	as conservas
pumpkin	abóbora
quince jam	marmelada
rabbit	coelho
raisins	as passas
rice	o arroz
rolls	os pãezinhos

saffron	o açafrão
salad	salada
salami	o salame
salt	o sal
sandwiches	as sandes, as sanduíches, *Br* os sanduíches
sardines	sardinhas
sausage	chouriço, salsicha
link sausages	as salsichas
scabbard fish	o peixe-espada
seafood	os mariscos
semolina	semolina, sêmola
shrimp	os camarões
skim milk	o leite magro
smoked meat	a carne defumada
sole	linguado
soup	sopa

spaghetti	o espaguete
spinach	os espinafres
squash	abóbora
squid	as lulas, os chocos

strawberries	os morangos
sugar	o açúcar
sweet rolls	os pãezinhos de leite
sweets	os doces
swordfish	o espadarte
tangerine	tangerina
tea	o chá
tea bag	saquinho de chá
thyme	tomilho
toast	torrada
tomatoes	os tomates
tuna	o atum
veal	a carne de vitela
vegetables	os vegetais
vegetables (homegrown)	a hortaliça/os legumes (de produção própria)
vinegar	o vinagre
water	água
(carbonated) mineral water	água mineral (com gás)
watermelon	melancia
whiting	pescadinha
wine	vinho
red wine	vinho tinto
white wine	vinho branco
yogurt	o iogurte
zucchini	as aboborinhas

Drugstore Items
Artigos de drogaria

Word List: Drugstore Items

adhesive bandage	adesivo
baby bottle	o biberão
Band-Aid	adesivo
bath gel	o gel de banho
brush	escova
cleansing lotion	o leite de limpeza
clothes brush	escova de fato (*Br* roupa)
cologne, eau de Cologne	água de Colónia (*Br* Colônia)
body milk (lotion)	o leite para o corpo
comb	o pente
condom, prophylactic	preservativo
cotton	o algodão
cotton swabs	os cotonetes
cream	o creme
cream for dry/normal/oily skin	o creme para pele seca/normal/oleosa
curler	rolo
deodorant	o desodorizante
detergent (for clothes)	o detergente para a roupa
dish (scrub) brush	escova para a louça
dish detergent	o detergente para a louça
dish scrubber	o esfregão para a louça
dishwashing glove	luva de lavar
electric razor	máquina de barbear
eyebrow pencil	o lápis para as sobrancelhas
eyeliner	o eyeliner
eye shadow	sombra para os olhos
face powder	o pó-de-arroz
hair	cabelo
rubber band for hair	elástico para o cabelo
hair brush	escova do cabelo
hair cream	o fixador
hair gel	o gel para o cabelo
hair pins	os ganchos do cabelo
hair remover	depilatório
hair spray	laca
hand cream	o creme para as mãos

hand soap	o sabonete
Kleenex	os lenços de papel
lipstick	o batom
mascara	o rímel
diapers	as fraldas
mirror	espelho
moistening cream	o creme hidratante
mouthwash	água dentífrica
nails	unhas
nail brush	escova de unhas
nail file	lima para unhas
nail polish	o verniz para unhas
nail polish remover, acetone	acetona
nail scissors	tesoura para unhas
overnight case (women's)	o nécessaire, *Br* frasqueira
pacifier (baby's)	chucha, chupeta
perfume	o perfume
prophylactic	preservativo
razor blade	lâmina para barbear
roller	rolo
rouge	o rouge
safety pin	o alfinete de segurança/de dama
sanitary napkins	pensos higiénicos
shampoo	o champô, o champu, *Br* xampu
dandruff shampoo	o champô (o champu, *Br* xampu) contra a caspa
shampoo for oily/normal/ dry hair	o champô (o champu, *Br* xampu) para cabelo oleoso/ normal/seco
shave, to	fazer a barba, barbear
electric shaver	máquina de barbear
shaving brush	o pincel para barbear
shaving cream	a loção (para barbear)
shaving soap	o sabão de barbear
soap	o sabão
sponge	esponja
stain remover	o tira-nódoas
styling mousse	o plix
sunblock	o fa(c)tor de prote(c)ção solar
suntan lotion	o creme para o sol
suntan oil	óleo solar
tampons	os tampões
tissues	os lenços de papel
toilet paper	o papel higiénico (*Br* higiênico)

toothbrush	escova de dentes
toothpaste	pasta dentífrica
towelettes	os toalhetes
tweezers	pinça

Tobacco Products
Tabaco, *Br* Fumo

A pack/A carton of . . . filtered/unfiltered (cigarettes), please.	Um maço/Um pacote de cigarros . . . com/sem filtro, se faz favor.
Do you (*for & s-for*) have American/menthol(ated) cigarettes?	Tem cigarros americanos/de mentol?
What brand (of mild/ strong cigarettes) do you (*for & s-for*) recommend?	Que marca (de cigarros leves/fortes) me aconselha?
Ten cigars/cigarillos, please.	Dez charutos/cigarrilhas, se faz favor.
A pack/box of cigarettes/ pipe tobacco, please.	Um pacote/Uma caixa de tabaco para cigarros/cachimbo, se faz favor.
A box of matches/a cigarette lighter, please.	Uma caixa de fósforos/Um isqueiro, se faz favor.
Could you (*for & s-for*) show me . . .?	Pode-me mostrar . . .?

Clothing/Leather Goods/Dry Cleaning See Chapter 1: Colors
Vestuário/Artigos de couro/Limpeza

What color do you (*for & s-for*) want?/Do you have a color preference?	De que cor deseja?/Tem preferência por alguma cor?

I would like it in . . .	Queria em . . .
I would like something that would go well with this.	Queria qualquer coisa que ficasse bem com isto.
Can (May) I try it on?	Posso provar?
What size do you (*for* & *s-for*) wear?	Que número usa?

It's very . . .
  tight/loose.
  short/long.
  small/large.
	Está muito . . .
	  apertado/largo.
	  curto/comprido.
	  pequeno/grande.

It's fine. I'll take this one.	Está bom. Levo este.
It's not exactly what I want.	Não é bem isto que eu quero.
I would like a pair of shoes . . .	Queria um par de sapatos . . .
I wear size . . .	Calço o número . . .
They're a little tight on me.	Apertam-me um pouco.
They're very tight/loose.	Estão muito apertados/largos.

Give me a can of shoe polish/a pair of shoelaces too, please.	Dê-me também uma caixa de pomada/um par de atacadores, se faz favor.
I would like to have new soles put on these shoes.	Queria mandar pôr solas novas nestes sapatos.
Could you (*for* & *s-for*) put new heels on them too, please?	Pode pôr saltos novos, se faz favor?
Could you (*for* & *s-for pl*) clean/wash these clothes?	Podem-me limpar/lavar esta roupa?
When will it be ready?	Quando é que está pronta?

Word List: Clothing/Leather Goods/Dry Cleaning

backpack	mochila
bag	saco, pasta
bathing cap	touca de banho
bathing suit	fato de banho, *Br* o maiô
bathing trunks	o calção dc banho
bathrobe	o roupão de banho
beach shoes	os sapatos de praia
belt	cinto
bikini	o biquíni
blazer	o blazer
blouse	blusa
boots	as botas
rubber boots	as botas de borracha
ski boots	botas de esqui
bow tie	laço
brassiere	o soutien, *Br* sutiã,
	Br o porta-seios
button	o botão
cap	o boné
checkered (fabric)	aos quadrados
children's shoes	os sapatos para criança
coat (ladies' full-length)	casaco (comprido)
collar (shirt)	gola, colarinho
color	a cor
cotton	o algodão
dress	vestido
dry clean, to	limpar a seco
evening gown	vestido de noite
fur coat (long)	casaco (comprido) de peles
fur coat (short)	casaco (curto) de peles
gloves	as luvas
handbag	mala de mão, carteira
handkerchief	lenço de assoar
hat	o chapéu
housecoat	o robe
iron, to	passar a ferro
jacket	casaco
knit jacket	casaco de malha
leather jacket (long/short)	casaco (comprido/curto) de cabedal (*Br* de couro)
suede jacket (long/short)	casaco (comprido/curto) de camurça

jeans	as jeans
jogging outfit	fato de treino
knapsack	mochila
linen	tecido de linho
lining (of clothing)	forro
long underwear	as ceroulas
machine-washable	lavável à máquina
miniskirt	minissaia
nightgown	camisa de noite, *Br* camisola
overalls	o macacão
overcoat (men's)	sobretudo
pajamas	o pijama
raincoat	gabardina, o impermeável
pants	as calças
leather pants	as calças de cabedal (*Br* de couro)
ski pants	as calças de esqui
pantyhose	meia-calça/o collant de seda
parka	o anorak
petticoat	o saiote, *Br* anágua
pullover	camisola, o pulôver
sandals	as sandálias
scarf	lenço do pescoço, o cachecol
shirt	camisa
shoebrush	escova de calçado
shoe polish	pomada, graxa
shoe size	número de calçado
shoes	os sapatos
shorts	os calções
shoulder bag	mala a tiracolo
shower shoes	os sapatos para banho
silk	seda
skirt	saia
sleeve	manga
slippers	os sapatos de quarto, os chinelos
snap fastener	mola
sneakers	os ténis, as sapatilhas
socks	as peúgas
knee socks	as meias pelo joelho
sole (of shoe)	sola
stockings	as meias
silk stockings	as meias de seda
striped	riscado, de riscas
suit	fato, *Br* terno

suit-dress (women's skirt and jacket)	(fato de) saia e casaco, *Br* o tailler
suitcase	mala
summer dress	vestido de verão
sunbonnet	o chapéu para o sol
sweatpants	as calças de treino
swimsuit	fato de banho, *Br* o maiô
swim trunks	o calção de banho
synthetic fiber	fibra sintética
T-shirt	a T-shirt
tennis shoes, sneakers	os ténis, as sapatilhas
tie	gravata
towel	toalha
bath towel	toalha de banho
Turkish towel	toalha de turco
travel bag	mala de viagem
umbrella	o guarda-chuva
underpants	as cuecas
undershirt	camisola, *Br* camiseta
underwear	roupa interior
vest	o colete
wool	a lã
wrinkle-free	anti-rugas
zipper	fecho de correr, fecho éclair (*Br* ecler)

Books and Stationery
Livros e artigos de escritório

I would like . . .
   an American newspaper.
   a magazine.
   a tour guide-book

Queria . . .
   um jornal americano.
   uma revista.
   um guia turístico.

Word List: Books and Stationery

adhesive tape	fita adesiva, fita colante
coloring book	livro para pintar
envelope	o envelope, sobrescrito
eraser	borracha
gift wrap (wrapping paper)	o papel para presente
glue	cola
magazine	revista
map	o mapa
city map	planta da cidade
memo book	agenda, livro de notas
newspaper	o jornal
notebook	agenda, livro de notas
notepad	bloco de notas
novel	o romance
detective novel	o romance policial
paper	o papel
pen	caneta
ballpoint pen	esferográfica
felt-tip pen	caneta de feltro
fountain pen	caneta de tinta permanente
pencil	o lápis
colored pencil	o lápis de cor
pencil sharpener	o apara-lápis
playing cards	as cartas de jogar
pocketbook	livro de bolso
postcard	postal
picture postcard	o postal ilustrado
road map	o mapa de estradas
Scotch tape	fita adesiva, fita colante
sketchbook	bloco de papel de desenho
stamp (postage)	selo (postal)
stationery	o papel de carta
writing paper	o papel de carta

Household Items

Artigos domésticos

Word List: Household Items

aluminum foil	folha/o papel de alumínio
bottle opener	o abre-garrafas
broom	vassoura
bucket	o balde
camp chair	cadeira de campismo (*Br* camping)
camp table	mesa de campismo (*Br* camping)
can opener	o abre-latas
candles	as velas
charcoal	o carvão
clothesline	corda para estender roupa
clothespins	as molas para a roupa
cooler bag	saco frigorífico
corkscrew	o saca-rolhas

denatured alcohol	o álcool desnaturado
dustpan	a pá
fire starter, kindling	as acendalhas
freezer bags	os sacos para congelados
garbage bag	saco do lixo
glass	vidro
grill	o grelhador
immersion heating coil	o fervedor de imersão
oil	petróleo
pail	o balde
pan	panela, tacho
paper napkins	os guardanapos de papel
place setting, eating utensils	o talher
plastic bag	saquinho de plástico
pocket knife	o canivete
pot	panela, tacho
refrigeration element	placa de refrigeração
sunshade	a guarda-sol
thermos	termo
trash bag	saco do lixo
whisk broom	vassoura de mão
windscreen	a guarda-vento

Electrical Goods and Photographic Supplies
Artigos elé(c)tricos e fotográficos

I would like . . .	Queria . . .
a roll of film for this camera	um rolo para esta máquina.
a roll of color print film/slides	um rolo/a côres para fotografias/diapositivos.
a roll of 36/20/12 snapshots	um rolo de 36/20/12 (trinta e seis/vinte/doze) fotografias.
Could you (*for & s-for*) please put this film in my camera?	Pode-me pôr o rolo, se faz favor?
Could you (*for & s-for*) develop this film/roll of film?	Podia-me revelar este filme/rolo, se faz favor?
Please make me a copy of each of these negatives.	Faça-me uma cópia de cada um destes negativos, se faz favor.
What size do you (*for & s-for*) want?	Que tamanho deseja?
Seven by ten./Nine by nine.	Sete por dez./Nove por nove.
Glossy or matte?	Brilhante ou mate?
When can I come to pick up the pictures (photos)?	Quando posso vir buscar as fotografias?
The viewfinder/shutter doesn't work.	O visor/O disparador não funciona.
This is broken. Can you (*for & s-for*) please fix it?	Isto está avariado. Pode repará-lo, se faz favor?

Word List: Electrical Goods and Photographic Supplies

adapter (adaptor)	o adaptador
automatic shutter release	o disparador automático
battery	pilha
black and white film	o filme a preto e branco
camcorder	camcorder
camera	máquina fotográfica

camera viewfinder	o visor
cassette	a cassete, *Br* o cassete
cassette recorder	o gravador de cassetes
CD, compact disk	CD, disco compacto
earphones	os auscultadores
electrical plug	ficha
exposure meter	fotómetro, *Br* fotômetro
extension cord	a extensão
film	film
super 8 film	o filme súper 8 (oito)
film advance	avanço do filme
film on cassette	o filme em cassete
film speed	a sensibilidade do filme
flash	o flash
flashbulb	lâmpada de flash
hair dryer	o secador do cabelo
lens	a lente
light bulb	lâmpada
loudspeaker	o altifalante
motion picture camera	máquina de filmar
objective (lens)	obje(c)tiva
passport photo	fotografia de passaporte
pocket calculator	calculadora de bolso
pocket flashlight	lâmpada de bolso
record	disco
shutter	o diafragma, o obturador
shutter release	o disparador
tripod	o tripé
VCR	vídeo
video camera	câmara de vídeo
videocassette	a cassete de vídeo
	(*Br* o videocassete)
video recorder	vídeo
videotape	o filme vídeo
walkman	walkman
zoom lens	teleobje(c)tiva

At the Optician

No oculista

Could you (*for* & *s-for*) please fix these (eye) glasses/frames?

Podia-me consertar estes óculos/a armação, se faz favor?

One of my eyeglass lenses broke.

Partiu-se uma lente dos meus óculos.

I'm nearsighted/farsighted.

Sou míope/presbita.

What's your eyeglass (*for* & *s-for*) prescription?

Qual é a receita dos seus óculos?

Right eye more/less . . ., left . . .

Olho direito mais/menos . . ., esquerdo . . .

When can I come to pick up my (eye)glasses?

Quando posso vir buscar os óculos?

I need . . .
  lens (saline) solution
  lens cleaning solution
  for hard/soft contact lenses

Preciso de . . .
  solução para conservar as lentes
  líquido para limpar as lentes
  para lentes de contacto duras/moles

I would like some . . .
  binoculars
  sunglasses.

Queria . . .
  um binóculo
  uns óculos de sol.

At the Watchmaker/Jeweler
Na relojoaria/joalharia

My watch doesn't work. Could you (*for & s-for*) see what's wrong with it?	O meu relógio não trabalha. Pode ver o que tem?
I would like a pretty souvenir/a pretty present.	Queria uma lembrança bonita/um presente bonito.
How much do you (*for & s-for*) want to spend?	Quanto quer gastar?
I wanted something that's not very expensive.	Queria uma coisa não muito cara.

Word List: Watchmaker/Jeweler

bracelet	pulseira
brooch	o broche
coral	o coral
costume jewelry	as jóias, bijutaria (*Br* bijuteria)
crystal	o cristal
earrings	os brincos
gold	ouro
medallion	o medalhão
necklace	o colar
pearl	pérola
pendant	o medalhão
ring	o anel
silver	prata
trinkets	bijutaria (*Br* bijuteria)
turquoise	turquesa
wristwatch	relógio de pulso

At the Hairdresser/Barber
No cabeleireiro/Na barbearia

Could you (*for & s-for*) put me down (schedule me) for tomorrow?	Pode-me marcar para amanhã?

How do you (*for & s-for*) want your hair?

Como deseja o cabelo?

Shampoo and blow-dry/set (style), please.

Lavar e brushing/mise, se faz favor.

(Hair)cut and/without a shampoo, please.

Cortar e/sem lavar, se faz favor.

I would like . . .
  to get a perm(anent).
  to color (dye) my hair/ get a rinse (tint).
  to get my hair highlighted.

Queria . . .
  fazer uma permanente.
  pintar o cabelo/fazer uma rinçage.
  fazer madeixas.

Leave it long, please.

Deixe-mo comprido, se faz favor.

Only on the ends.

Só as pontas.

Not too short/Very short/ A little shorter, please.

Não muito curto/Muito curto/Um pouco mais curto, se faz favor.

Cut a little (more) off the back/off the front/off the top/off the sides, please.

Corte (mais) um pouco atrás/à frente/em cima/dos lados, se faz favor.

I want my ears showing/ covered.

Quero as orelhas destapadas/ tapadas.

The part on the left/right, please.

A risca à esquerda/direita, se faz favor.

A razor cut, please.

Um corte à navalha, se faz favor.

Tease it (hair) a little, please.

Cardar um pouco, se faz favor.

No hair spray,/just a little hair spray, please.

Não me ponha laca,/Só um pouco de laca, se faz favor.

A shave, please.

A barba, se faz favor.

Trim my beard, please.

Apare-me a barba, se faz favor.

Can you (*for & s-for*) do my nails, please?

Pode-me arranjar as unhas, se faz favor?

Thank you very much (*said by a m/f*), it's fine like that.

Muito obrigado/obrigada. Está bem assim.

Word List: Hairdresser/Barber

bangs	franja
beard	barba
blond	louro
to blow-dry	secar/brushing
to color	pintar
to comb	pentear
curler	rolo (para o cabelo)
curls	os caracóis
dandruff	caspa
dry hair	cabelo seco
to dye	pintar
eyebrows	as sobrancelhas
to pluck eyebrows	depilar as sobrancelhas
hair	cabelo
layered (hair)cut	o corte em escadinha
oily hair	cabelo oleoso
hair treatment	tratamento do cabelo
haircut	o corte de cabelo
hairdo	penteado
hair loss	queda do cabelo
hairpiece	postiço
hair set	a mise
hair spray	laca
hair styling	a mise
moustache	o bigode
part	risca
permanent wave	a permanente
to rinse	fazer uma rinçage
to set	fazer uma mise
shampoo	o champô, o champu, *Br* xampu
to shave	fazer a barba
sideburns	as suíças
to style	fazer uma mise
to tint	fazer uma rinçage
to trim	aparar
wig	peruca, cabeleira

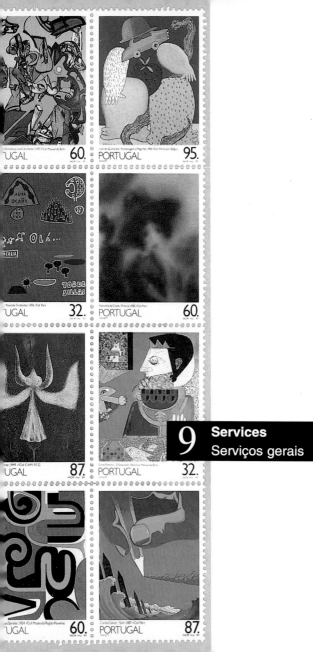

s Doméstica com Cão Verde', 1977 /Col Manuel de Brito
UGAL 60.

Joã de Guimarães, "Homenagem a Magritte", 1984 /Col Particular Bélgica
PORTUGAL 95.

"Huerda Tordesillas", 1984 /Col Part
UGAL 32.

Nenunha da Costa, "Pintura", 1982 /Col Part
PORTUGAL 60.

me, 1949 /Col CAM-FCG
UGAL 87.

Couto Palmeiro, "O Dentista", 1966 /Col Manuel de Brito
PORTUGAL 32.

as Speciales", 1984 /Col Museu da Região Flaviense
UGAL 60.

Carlos Calvet, "Série", 1987 /Col Part
PORTUGAL 87.

9 Services
Serviços gerais

Money Matters
Questões de dinheiro

Where is there a bank/ currency exchange around here?	Onde há aqui um banco/uma casa de câmbio?
When does the bank open/ close?	A que horas abre/fecha o banco?
I would like to exchange . . . dollars (pounds sterling, Deutsche marks, Swiss francs) for escudos (*Br* reais).	Queria trocar . . . dólares (libras esterlinas, marcos alemães, francos suíços) por escudos (*Br* reais).
What's the exchange rate today?	Como está hoje o câmbio?
How many *escudos/reais* (does one get) for one hundred dollars?	Quantos escudos/*Br* reais se recebem por cem dólares?
I would like to cash this traveler's check/eurocheck/ postal money order.	Queria receber este cheque de viagem/este eurocheque/este vale postal.
What is the maximum amount I can make this check out for?	Qual é a importância máxima que posso levantar com este cheque?
Your (*for & s-for*) eurocheck identification card, please.	O seu cartão eurocheque, se faz favor.
Would you (*for & s-for*) show me your passport/ your I.D. card, please?	Pode-me mostrar o seu passaporte/ o seu bilhete (*Br* a sua carteira) de identidade, se faz favor?
Sign here, please.	Assine aqui, se faz favor.
I would like to withdraw . . . dollars/escudos from my account/postal savings passbook.	Queria levantar . . . dólares/escudos da minha conta/caderneta de poupança postal.

Was any money transferred to (deposited in) my account/to me?	Foi enviado algum dinheiro para a minha conta/para mim?
Go to the cashier, please.	Vá à caixa, se faz favor.
How do you (*for & s-for*) want the money?	Como quer o dinheiro?
In bills only, please.	Só em notas, se faz favor.
Some change too, please.	Algum dinheiro miúdo também, se faz favor.
Please give me three 1,000-escudo (*Br* real) bills, and the rest in change.	Dê-me três notas de mil escudos (*Br* reais) e o resto em dinheiro miúdo, se faz favor.
I lost my traveler's checks. What do I have to do?	Perdi os meus cheques de viagem. O que é que tenho que fazer?

In Portugal it is still very common to divide the escudo *into* réis, *rather than into* centavos. *The* real *was an old type of currency that no longer exists. One thousand* réis *corresponded to one* escudo. *For example, for 7$50 escudos, one still says* sete e quinhentos *and not* sete e cinquenta. *Instead of* mil escudos, *one usually says* um conto.

Word List: Money Matters

account	conta
amount	importância, quantia
automatic teller	multibanco
bank	banco
bank account	conta bancária
bank code	código bancário
bank draft	a ordem de pagamento
banknote	nota
bank teller window	o guiché
bill (banknote)	nota
blank	impresso
cash	dinheiro de contado, numerário
in cash	a dinheiro, a pronto
change	troco
small change	dinheiro miúdo
check	o cheque
traveler's check	o cheque de viagem, o traveller
checkbook	livro de cheques
checking fee	despesa bancária
check, to cash a	levantar/descontar um cheque
check, to write a	passar um cheque
coin	moeda
commission	a comissão
credit card	o cartão de crédito
currency	moeda
to deposit	pagar, depositar
dollar	dólar
eurocheck	o eurocheque
eurocheck identification card	o cartão eurocheque
exchange (currency)	câmbio
exchange fee	taxa de câmbio
exchange office	casa de câmbio
to exchange	cambiar, trocar
fee	a comissão, taxa
foreign currency	as divisas
form	impresso
money	dinheiro
telegraph money order	o vale telegráfico
postal money order	o vale de correio, o vale postal
money transfer (order)	a ordem de pagamento, transferênci de dinheiro

to pay	pagar
payment	pagamento
to pay out	pagar
PIN number	número secreto
post office savings-bank	caixa económica (*Br* econômica) postal
pound (sterling)	libra (esterlina)
receipt	recibo
savings account	conta de poupança
savings bank	caixa económica (*Br* econômica)
savings bank passbook/ post office savings bank passbook	caderneta da caixa económica (*Br* econômica)/de poupança postal
to sign	assinar
signature	assinatura
Swiss franc	franco suíço
transfer	transferência
to withdraw	levantar

At the Post Office
No correio

Could you (*for* & *s-for*) please tell me where the nearest post office/mailbox is?

Pode-me dizer, se faz favor, onde é o correio mais próximo/a caixa de correio mais próxima?

How much does it cost to send a postcard?
  to Canada?
  to the United Kingdom?
  to the United States?

Quanto se paga para mandar uma carta/um postal . . .
  para o Canadá?
  para o Reino Unido?
  para os Estados Unidos?

Three (postage) stamps of . . . escudos, please.

Três selos de . . . escudos, se faz favor.

I would like to send this letter . . .
  registered.
  airmail.
  express.

Queria mandar esta carta . . .

  registada.
  por avião.
  por expresso.

How long does it take a letter to get to the United States/Canada/England?

Quanto tempo leva uma carta para os Estados Unidos/o Canadá/Inglaterra?

When sending mail to people who live in large apartment complexes in Portugal, you should never forget to write the floor number and whether the apartment is on the left or right side along with the address, because the names are often not on the mailboxes. For example:

    Senhora D . . .
    Rua . . ., 3°-d.ᵗᵒ
    Lisboa

Do you (*for* & *s-for*) have special-issue stamps too?

Tem também selos especiais?

Give me this series/a stamp from each series, please.

Dê-me esta série/um selo de cada série, se faz favor.

Held Mail

Posta-restante

Is there any mail for me? My name is . . .

Há correio para mim? O meu nome é . . .

No, there isn't any.

Não, não há nada.

Oh, yes there is. Do you (*for* & *s-for*) have any identification?

Há, sim. Tem um documento de identificação, se faz favor?

Telegrams/Faxes

Telegramas/Telefax

I would like to send a telegram.

Queria mandar um telegrama.

Could you (*for* & *s-for*) please help me fill out the form?

Pode-me ajudar a preencher o impresso, se faz favor?

How much does it cost per word?

Quanto custa cada palavra?

Up to ten words costs . . . every word over . . .

Até 10 palavras custa . . ., cada palavra a mais . . .

Will this telegram still get to . . . today?

Este telegrama ainda chega hoje a . . .?

Can I send a fax here to . . .?

Posso mandar aqui um telefax para . . .?

Word List: Post Office

address	endereço
addressee	destinatário
airmail	por avião
blank (form)	impresso
business hours	as horas de expediente
to cancel (mail)	franquiar
COD, cash on delivery	à cobrança
customs declaration	a declaração para a alfândega
declaration of worth (value)	a declaração de valor
destination	destino
envelope	o envelope, sobrescrito
express letter	carta por expresso
to fill out	preencher
form (blank)	impresso
to forward (mail)	enviar, remeter
letter	carta
letter carrier (*m/f*)	carteiro/carteira
mail	correio
held mail	posta-restante
mailbox	caixa do correio
mailman (mail carrier) (*m/f*)	carteiro/carteira
mail pickup	a tiragem
notification of receipt	aviso de recepção
package	encomenda postal
package declaration	guia de encomenda postal
parcel	encomenda postal
post office	correio, a estação dos correios
main post office	a estação central dos correios
post office window	o guiché (*Br* guichê) do correio
(counter)	
postage	o porte, franquia
postage stamp	selo
postal code	código postal
postal rate	taxa, tarifa, o porte
postcard	o postal
postmark, to	franquiar
printed matter	(os) impressos
registered letter	carta registada
to remit	enviar, remeter
to send	enviar, mandar, remeter
sender	o remetente
stamp	selo

(postage) stamp-vending machine	o distribuidor automático de selos
special issue stamp	selo especial
telex	o telex
weight	peso

Telephoning
Telefonar

Could I use your (*for & s-for*) (tele)phone?	Posso utilizar o seu telefone?
Where's the nearest (tele)phone booth?	Onde é a cabina telefónica (*Br* telefônica) mais próxima?
Could you (*for & s-for*) please give me a (tele)phonecard/token?	Pode-me dar, se faz favor, um credifone (*Br* uma ficha de telefone)?

Only Brazil has special telephone tokens, not Portugal.

Could you (*for & s-for*) please give me change?	Pode-me trocar este dinheiro, se faz favor?
I need coins to make a (tele)phone call.	Preciso de moedas para telefonar.
Have you (*for & s-for*) got a (tele)phone book for . . .?	Tem uma lista telefónica (*Br* telefônica) de . . .?
What is the area code for . . .?	Qual é o indicativo de . . .?
Please tell me the number for . . .	Diga-me, se faz favor, o número de . . .
I would like to place a (long distance) call to . . ., please.	Eu queria fazer uma chamada (interurbana) para . . . se faz favor.

Country Codes:

Australia	0061
Canada	001
Great Britain	0044
Ireland	00353
New Zealand	0064

I would like to call collect.	Eu queria pedir uma chamada a pagar pelo destinatário.
Could you (*for & s-for*) please connect me to . . .?	Pode-me ligar para . . ., se faz favor?
(Tele)phone booth number . . .	Cabina número . . .
It's busy.	Está impedido.
No one answers.	Ninguém responde.
Please don't hang up.	Não desligue, se faz favor.
This is . . . speaking.	Aqui fala . . .
Hello? Who is this (speaking)?	Está? Quem fala?
May I speak to Mr./Mrs./Miss . . ., please?	Posso falar com o senhor/a senhora/a menina . . ., se faz favor?
This is he/she.	É o próprio/a própria.
I'll connect you.	Vou ligar.

I'm very sorry, but he/she is not here (at home).	Tenho muita pena, mas ele/ela não esta (em casa).
When will he/she be back?	Quando é que volta?
Can he/she call you (*for* & *s-for*) back?	Ele/Ela pode ligar para si (*Br* ligar de volta)?
Yes, he/she can (may). My number is . . .	Pode, sim. O meu número é . . .
Do you (*for* & *s-for*) want to leave a message?	Quer deixar um recado?
Could you (*for* & *s-for*) please tell him/her that I called?	Pode fazer o favor de lhe dizer que eu telefonei?
Could you (*for* & *s-for*) give him/her a message?	Pode dar-lhe um recado?
I'll call back later.	Eu volto a falar mais tarde.
It was a wrong number.	Foi engano.
The number you have dialed is no longer in service.	Não há nenhum telefone com este número.

Word List: Telephoning

advance notice	chamada com pré-aviso
to answer (the phone), pick up the receiver	atender (o telefone), levantar (o auscultador)
answering machine	o atendedor automático de chamadas
area code	indicativo
busy	impedido
busy signal	o sinal de impedido
buzz(ing), hum(ming)	zumbido
call	chamada, o telefonema
collect call	chamada a pagar pelo destinatário
international call	chamada internacional
local call	chamada local
long distance call	chamada interurbana
to call direct	ligar dire(c)tamente
central telephone exchange	a central telefónica (*Br* telefônica)
charge	taxa, tarifa

coin	moeda
coin change machine	automático para trocar moedas
connection	a ligação
dial tone	o sinal de chamar
to dial	marcar (o número), *Br* discar
fee	taxa, tarifa
information	(as) informações
phone *see under* telephone	
rate	taxa, tarifa
telephone	o telefone
pay telephone	o telefone público (automático)
public telephone	o telefone público (automático)
telephone book	lista telefónica (*Br* telefônica)
telephone booth	cabina telefónica (*Br* telefônica)
telephone call	chamada telefónica (*Br* telefônica), o telefonema
telephone card	o credifone, cartão de telefone (*Br* ficha de telefone)
telephone directory	lista telefónica (*Br* telefônica)
telephone number	número de telefone
telephone operator	a central telefónica (*Br* telefônica)
telephone receiver	o auscultador
telephone repair service	(serviço de) avarias
to telephone	telefonar
time unit fee	impulso
yellow pages	lista classificada

At the Police Station See Chapter 3, Accidents
Na esquadra da polícia

Could you (*for & s-for*) please tell me where the nearest police station is?

Pode-me dizer, se faz favor, onde é a esquadra da polícia mais próxima?

I'd like to report a robbery/ a loss/an accident

Quero participar um roubo/uma perda/um acidente.

They stole my . . .
  camera.
  car/bicycle.
  handbag.
  wallet.

Roubaram-me . . .
  a máquina fotográfica.
  o carro/a bicicleta.
  a mala de mão, *Br* a bolsa.
  a carteira.

They broke into my car.

Arrombaram-me a porta do carro.

They stole . . . from my car.

Roubaram-me do carro . . .

I lost . . .

Perdi . . .

My son/daughter disappeared . . . ago.

meu filho/a minha filha desapareceu há . . .

This man is bothering (harassing) me.

Este homem está-me a importunar.

Could you (*for & s-for*) please help me?

Pode-me ajudar, por favor?

Exactly when did that occur?

Quando é que exa(c)tamente isso se passou?

We'll look into the matter.

Vamo-nos ocupar do assunto.

I don't have anything to do with that.	Não tenho nada a ver com isso.
Your name and address, please.	O seu nome e o seu endereço, se faz favor.
Please go to the American/Canadian/British Consulate.	Dirija-se, se faz favor, ao Consulado americano/canadiano/britânico.

Word List: Police

to apprehend	apreender
to arrest	prender
assault	assalto, a agressão
to assault	assaltar
attorney	advogado
to beat up	espancar
blame	culpa
to bother	importunar
to break into	arrombar
burglar	o ladrão/a ladra
burglary	roubo
car	automóvel, carro
car keys	as chaves do carro
car radio	rádio de automóvel
car registration	o livrete do carro
to catch (a criminal)	apreender
to confiscate	confiscar
court	o tribunal
crime	o crime
documents	os documentos
drugs	drogas, os estupefacientes, *Br* os entorpecentes
guilt	culpa
handbag	mala de mão, carteira, bolsa
to harass	importunar
holdup	assalto, a agressão
identification card	o bilhete (*Br* a carteira) de identidade
imprisonment on remand	a prisão preventiva
jail	a prisão
judge	o juiz
key	a chave
lawyer	advogado

lose, to	perder
papers	os papéis
passport	o passaporte
pickpocket	o carteirista
police (force)	a polícia
police car	carro da polícia
policeman/policewoman	o/a polícia
pretrial custody	a prisão preventiva
prison	a prisão
rape	a violação, estupro
to rape	violar, violentar
report (as a crime), to	denunciar, participar
robber (*m/f*)	o ladrão/a ladra
robbery	roubo
smuggling	contrabando
wallet	carteira

Lost and Found
Se(c)ção de perdidos e achados

Could you please tell me where the lost and found (department) is?	Onde são os perdidos e achados, se faz favor?
I lost . . .	Perdi . . .
I left my wallet/handbag on the train.	Esqueci-me da minha carteira/mala de mão no comboio (*Br* trem).
Could you (*for & s-for*) please let me know if anyone turns it in/finds it?	Avise-me, por favor, se alguém a entregar/achar.
Here is the address of my hotel/my address in the United States/Canada/England.	Aqui tem o endereço do meu hotel, o meu endereço nos Estados Unidos/no Canadá/na Inglaterra.

10 Health
Saúde

At the Pharmacy
Na farmácia

Where is the nearest (night service) pharmacy?	Onde é a farmácia (de serviço) mais próxima?
Could you (*for* & *s-for*) give me something for . . ., please?	Pode-me dar qualquer coisa para . . ., se faz favor.
This medicine can be sold only with a (doctor's) prescription.	Este remédio só se pode vender com receita médica.
Can (May) I wait?	Posso esperar?
When can (may) I go pick it up?	Quando posso vir buscá-lo?

Word List: Pharmacy

ace bandage	ligadura elástica
adhesive bandage	adesivo
adhesive strip	adesivo
antacid tablets (made of charcoal)	os comprimidos de carvão
antibiotic	antibiótico
antidote	contraveneno, antídoto
aspirin	aspirina
Band-Aid	adesivo
bug spray	o inse(c)ticida
burn ointment	pomada para queimaduras
camomile tea	chá de camomila/macela
circulation remedy	remédio para a circulação
condom, prophylactic	preservativo
cotton	o algodão
cough syrup	o xarope
disinfectant	o desinfe(c)tante
to dissolve in the mouth	deixar desfazer na boca
drops	as gotas
ear drops	as gotas para os ouvidos
eye drops	as gotas para os olhos, as gotas oftálmicas

drops for a stomachache	as gotas para a dor de estômago
external	externo
for external use (only)	(só) para uso externo
fasting	em jejum
gargle (medicine for gargling)	gargarejo, medicamento para gargarejar
gauze	a gaze
glucose	a glicose
headache tablets	os comprimidos para a dor de cabeça
insecticide	o inse(c)ticida
insulin	insulina
internal	interno
for internal use (only)	(só) para uso interno
iodine	iodo
tincture of iodine	tintura de iodo
laxative	o purgante
meals	as refeições
after meals	depois das refeições
before meals	antes das refeições
medication	medicamento, remédio
medicine	remédio
to take (medicine)	tomar (remédio)
ointment	pomada
pill	comprimido
birth control pills	pílulas anticoncepcionais
pain pills	os comprimidos contra as dores
sleeping pills	os soníferos
prescription	receita
remedy	medicamento, remédio
sedative	o calmante
side effects	os efeitos secundários
sunburn	queimadura do sol
suppository	supositório
tablet	comprimido
talcum (powder)	(o pó de) talco
thermometer	termómetro, *Br* termômetro
throat lozenges	os comprimidos para a garganta

At the Doctor
No médico

Could you (*for* & *s-for*) recommend to me a good . . .	Pode-me indicar um bom . . .
dentist?	dentista?
dermatologist?	dermatologista?
doctor specializing in natural medicine?	médico-naturalista?
doctor?	médico?
ear, nose and throat doctor?	otorrinolaringologista?
general practice physician?	médico de clínica geral?
gynecologist?	ginecologista?
internist?	médico de doenças internas?
neurologist?	neurologista?
ophthalmologist?	oftalmologista?
pediatrician?	pediatra?
urologist?	urologista?
Where is the doctor's office?	Onde é o consultório?
When is the appointment?	A que horas é a consulta?
What's the problem?	De que se queixa?
I don't feel good.	Não me sinto bem.
I've got a fever.	Tenho febre.
I don't sleep well./I can't sleep at night.	Durmo muito mal./Não durmo de noite.
I feel bad/I have frequent dizzy spells.	Sinto-me mal/Tenho vertigens com frequência.
I fainted.	Desmaiei.
I have a bad (head) cold.	Estou muito constipado (*Br* resfriado).

My head/throat hurts.	Dói-me a cabeça/a garganta.
I've got a cough.	Tenho tosse.
I was stung/bitten.	Fui picado/mordido.
I've got indigestion.	Tenho uma indigestão.
I've got diarrhea/I'm constipated.	Tenho diarreia/prisão de ventre.
The food/heat doesn't sit well with me.	Não me dou bem com a comida/o calor.
I've injured myself.	Aleijei-me.
I fell.	Caí.
I think I broke/twisted . . .	Creio que parti/torci . . .
Where does it hurt?	Onde é que lhe dói?
It hurts here.	Dói-me aqui.
Does it hurt here?	Dói-lhe aqui?
I've got high/low blood pressure.	Tenho a tensão arterial (*Br* pressão sanguínea) alta/baixa.
I'm a diabetic.	Sou diabético
I'm pregnant.	Estou grávida.
Not long ago I had . . .	Tive há pouco tempo . . .
Please undress/uncover your (*for & s-for*) arm.	Dispa-se/Ponha o braço a descoberto, se faz favor.
Breathe deeply. Hold your (*for & s-for*) breath.	Respire fundo. Contenha a respiração.
Open your (*for & s-for*) mouth.	Abra a boca.
Show me your (*for & s-for*) tongue.	Mostre-me a sua língua.
Cough.	Tussa.

How long have you (*for & s-for*) felt this way?	Há quanto tempo se sente assim?
Have you (*for & s-for*) got an appetite?	Tem apetite?
I have no appetite.	Não tenho apetite.
Have you (*for & s-for*) got a vaccination certificate?	Tem um certificado de vacina?
I've (*m/f*) been vaccinated against . . .	Estou vacinado/vacinada contra . . .
You've (*for & s-for*) got to be X-rayed.	Tem de ser radiografado/radiografada.
I need a blood/urine test.	Preciso de uma análise de sangue/urina.
You've (*for & s-for*) got to consult a specialist.	Tem de consultar um especialista.
You've (*for & s-for*) got to be operated on.	Tem de ser operado/operada.
You've (*for & s-for*) got to stay in bed for a few days.	Tem de ficar uns dias de cama.
It's nothing serious.	Não é nada de grave.
Could you (*for & s-for*) please give/prescribe something for . . .?	Pode-me dar/receitar qualquer coisa para . . ., se faz favor.
Normally I take . . .	Normalmente tomo . . .
Take one tablet before going to bed.	Tome um comprimido antes de se deitar.
Here is my health insurance card.	Aqui está o meu cartão de seguro de saúde.
Could you (*for & s-for*) provide me with a medical certificate, please?	Pode-me passar, por favor, um atestado médico?

At the Dentist
No dentista

I've got a (terrible) toothache.

Tenho uma (grande) dor de dentes.

This tooth (on top/on the bottom/in front/in back) hurts.

Dói-me este dente (em cima/em baixo/à frente/atrás).

I lost a filling.

Perdi um chumbo.

I broke a tooth. (One of my teeth broke.)

Partiu-se-me um dente.

I've got to fill it.

Tenho de o chumbar/obturar.

I've got to pull it.

Tenho de o tirar.

I'm going to give you (*for* & *s-for*) only temporary treatment.

Vou-lhe fazer só um tratamento provisório.

I've got to put a crown on this tooth.

Tenho de pôr uma coroa neste dente.

Please (don't) give me a shot (an injection).

Por favor, dê-me uma/não me dê nenhuma inje(c)ção.

Rinse well, please.

Bocheche bem, se faz favor.

Can you (*for* & *s-for*) fix this bridge (prosthesis)?

Pode reparar esta prótese?

Come back in two days to see how it is.

Volte cá daqui a dois dias, para ver como está.

When you (*for* & *s-for*) get back home, go right away to your dentist.

Quando chegar a casa, vá logo ao seu dentista.

At the Hospital
No hospital

How long will I have to stay here?	Quanto tempo terei de aqui ficar?
I've got pains/I can't sleep. Can you (*for* & *s-for*) give me a painkiller/sleeping pill, please?	Tenho dores/Não consigo dormir. Pode-me dar um analgésico/um soporífero, se faz favor?
When can I get up?	Quando é que posso levantar-me?
Please give me a certificate verifying the length of stay in the hospital and the diagnosis.	Dê-me, se faz favor, um certificado de que conste a duração da permanência no hospital e o diagnóstico.

Word List: Doctor/Dentist/Hospital

abcess	abcesso
abdomen	o ventre, a abdómen
abortion	aborto
to ache	doer
aches	as dores
AIDS	SIDA, *Br* AIDS
allergic (*m/f*), to be	ser alérgico/alérgica a
allergic rhinitis	a rinite alérgica
allergy	alergia
anesthesia	anestesia
anesthetic	anestésico
angina	angina
ankle	tornozelo, artelho
appendicitis	a apendicite
appendix	o apêndice
appetite	o apetite
lack of appetite	falta de apetite
arm	braço
asthma	asma
attack	o ataque, acesso
back	as costas
backache	a dor nas costas
bandage	penso, ligadura
to bandage	pensar

belly	o ventre, a abdómen, baixo-ventre, barriga
bellyache	cólica, dor de barriga
bladder	bexiga
to bleed	sangrar
bleeding	o derrame, o hematoma
blood	o sangue
blood pressure	a tensão arterial (*Br* a pressão sanguínea)
high/low	alta/baixa
blood poisoning	septicemia
blood transfusion	a transfusão de sangue
blood type	grupo sanguíneo
blood test	a análise de sangue
bone	osso
brain	cérebro
breast	peito
to breathe	respirar
breathing difficulty	a dificuldade de respirar, dispneia, *Br* dispnéia
broken	partido
bronchial tubes	os brônquios
bronchitis	a bronquite
burn	queimadura
bypass	o bypass
cancer	cancro, *Br* o câncer
cardiac damage/deficiency	a lesão/deficiência cardíaca
cardiologist	o cardiologista
cavity (tooth)	buraco (no dente)
certificate	atestado
certificate of vaccination	certificado de vacina
certification	atestado, certificado
chest	peito
chicken pox	varicela
chills	os calafrios
cholera	a cólera
circulation problem	a perturbação circulatória
clavicle	clavícula
cold (head)	a constipação, *Br* resfriado
cold, to catch	constipar-se, *Br* resfriar-se
colic	cólica
collarbone	clavícula
concussion	traumatismo craniano
constipation	a prisão de ventre

contagious	contagioso
contusion	a contusão
cough	a tosse
to cough	tossir
cranium	crânio
cramp	cãibra, espasmo
crown	coroa
cut	o golpe
diabetes	a diabetes
diagnosis	diagnóstico
diarrhea	diarreia
diet	dieta
digestion	a digestão
diphtheria	difteria
to disinfect	desinfe(c)tar
dizziness, vertigo	a vertigem, as tonturas
doctor	médico, doutor (in direct address)
doctor's office	consultório (do médico)
ear	orelha, ouvido
inflammation of the ear	a otite
eardrum	(membrana do) tímpano
eczema	eczema
elbow	cotovelo
esophagus	esófago
examination	o exame
eyes	os olhos
face	cara, rosto
fainting spell	desmaio
feces, stool	a evacuação, as fezes
fever	a febre
yellow fever	a febre amarela
filling (tooth)	chumbo
finger	dedo
fit	o ataque, acesso
flatulence	flatulência
food poisoning	a intoxicação alimentar
foot	o pé
fracture	fra(c)tura
gallbladder	vesícula biliar
gas	flatulência
gash	o golpe
genitals/sex organs	os órgãos genitais/sexuais
German measles	rubéola
gum(s)	gengiva(s)

hand	a mão
hay fever	a febre dos fenos
head	cabeça
headache	a dor de cabeça
health insurance	seguros de saúde
health insurance identification card	o cartão de seguros de saúde
health insurance papers	documentos de seguros de sáude
heart	o coração
heart attack	o ataque cardíaco
heartburn	azia
heart trouble	as perturbações cardíacas
hemorrhage	hemorragia
hemorrhoids	as hemorróidas
hernia	hérnia
hernia of the groin	hérnia inguinal
hip	anca, o quadril
hoarse, to be	estar rouco
hospital	o hospital
hospital ward	serviço
to hurt (as to be sore)	doer
hypodermic (needle)	a inje(c)ção
ill	doente
illness	doença
incisor	o dente incisivo
indigestion	a indigestão
infantile paralysis	paralisia infantil
infection	a infe(c)ção
inflamation, swelling	a inflamação
influenza	a gripe
infusion	a infusão
injection	a inje(c)ção
insect bite (sting)	picada
insomnia	insónia, *Br* insônia
intestine	intestino
jaundice	icterícia
jaw	maxila
joint	a articulação
kidney	o rim
kidney stone	cálculo renal
knee	joelho
leg	perna
ligament (tear)	(rotura de) ligamento
limbs (of the body)	os membros

flu	a gripe
lip	lábio
liver	fígado
lumbago	lumbago
lung	o pulmão
malaria	malária
measles	sarampo
menstruation	a menstruação
migraine	enxaqueca
molar	o dente molar
mouth	boca
mumps	papeira, a parotidite
muscle	músculo
myocardial infarction	o enfarte de miocárdio
nausea	náusea(s), enjoo (*Br* enjôo)
neck	pescoço
nephritis	a nefrite
nerve	nervo
nervous	nervoso
nose	o nariz
nosebleed	hemorragia nasal, a epistaxe
nurse (*m/f*)	enfermeiro/enfermeira
office hours	as horas da visita (de consulta)
operation	a operação
otitis	a otite
pacemaker	o pace-maker
paralysis	paralisia
pneumonia	pneumonia
poisoning	envenenamento, a intoxicação
polio (myelitis)	a poliomielite
to prescribe	receitar
pregnancy	a gravidez
prosthesis	a prótese
to pull (a tooth)	arrancar
pulse	pulso
pus	o pus
pus, to produce	supurar
rash	eczema
return transportation	o transporte de retorno
rheumatism	reumatismo
rib	costela
rib cage	caixa torácica
rubella	rubéola
salmonella	as salmonelas

scar	a cicatriz
scarlet fever	escarlatina
sciatica	ciática
septicemia	septicemia
sex organs	os órgãos genitais/sexuais
sexually transmitted disease	doença venérea
sharp (stabbing) pain in the side	pontada de lado
shin	tíbia
shoulder	ombro, espádua
sick	doente
sickness	doença
sinusitis	a sinusite
skin	a pele
skin disease	doença da pele
skull	crânio
smallpox	a varíola
specialist	o especialista
spine (spinal column)	coluna vertebral, espinha dorsal
splint	tala
sprain	a distensão
stitches, to get	coser
stomach	estômago
upset stomach	náusea(s), enjoo (*Br* enjôo)
stomachache	cólica, a dor de estômago
stroke	apoplexia cerebral, o ataque de apoplexia
sunburn	a insolação
surgeon (*m/f*)	o cirurgião/a cirurgiã
sweat	o suor
to sweat	suar
swelling	a inflamação, inchaço
swollen	inchado
tetanus	tétano
thorax	o tórax
throat	garganta
sore throat	as dores de garganta
tibia	tíbia
toe	dedo do pé
tongue	língua
tonsilitis	a amigdalite
tonsils	as amígdalas
tooth	o dente
toothache	a dor de dentes

tumor	o tumor
twisted	torcido
typhoid fever	o tifo
typhus	o tifo
ulcer	úlcera
ultrasound examination	o exame por meio de ultra-sons
ultraviolet lamp	lâmpada de raios ultravioletas
unconscious	sem sentidos
urine	urina
to vaccinate	vacinar
vaccination	a vacinação
vaccine	vacina
vein	veia
venereal disease	doença venérea
virus	o vírus
to vomit	vomitar
waiting room	sala de espera
whooping cough	a tosse convulsa
wound	ferida
to wound	ferir
X-ray	radiografia
to X-ray	radiografar

At a Health Resort

Numa estância termal

What is your (*for* & *s-for*) doctor's diagnosis?

Qual o diagnóstico do seu médico?

How many treatments do I still have to have?

Quantos tratamentos tenho de fazer ainda?

I'd still like some more . . .

Queria ainda mais alguns/algumas . . .

Will you (*for* & *s-for*) be able to schedule me for another time?

Poderá marcar-me uma outra data?

Word List: Health Resort

autogenous exercise	treino autógeno
bath	banho
to breathe in	inalar
climatic spa	estância climática
cure	remédio, tratamento, cura
diet	dieta
1,000 calorie diet	dieta de 1000 calorias
footbath	banho aos pés
hot air	ar quente
hot baths	banho de águas termais
hot pool	piscina termal
hydrotherapy	tratamento hidroterápico
inhalation	inalação
to inhale	inalar
live-cell therapy	terapêutica por meio de células vivas
massage	a massagem
underwater/immersion massage	a massagem subaquática/de imersão
to massage	dar massagens
masseur/masseuse	o/a massagista
medicinal bath	banho medicinal
medicinal-water cure/treatment	cura/tratamento de águas medicinais
medicine	remédio, medicamento
mineral water bath	banho de águas minerais

mineral waters	águas minerais
mineral water spring	fonte de águas minerais
	(água medicinal)
mud bath	banho de lodo
natural-healing method	processo da medicina naturalista
physical therapy	ginástica terapêutica, fisiotérapia
rehabilatation clinic	sanatório, casa de repouso
relaxation exercise	treino autógeno
remedy	remédio, medicamento
respiratory therapy	terapêutica respiratória
rest cure	cura de repouso
saltwater bath	banho de águas salinas
sanatorium	sanatório, casa de repouso
seaside resort	estação balnear marítima
spa	estância termal
spa bather's card	cartão de banhista
spa doctor	médico das termas
steam bath	banho de vapor
supplementary cure	cura complementar
tourism tax	taxa de turismo
treatment	tratamento, cura
medical treatment	tratamento médico
ultrasound	os ultra-sons
ultraviolet lamp	lâmpada de raios ultravioletas
X-ray therapy	radioterapia
yoga	ioga

11 **A Business Trip**
Viagem de negócios

On the Way to a Business Meeting
O longo caminho para chegar ao parceiro de negócios

How do I go to get to . . .?	Como é que se vai para . . .?
Where's the main entrance?	Onde é a entrada principal?
My name is . . .	O meu nome é . . .
I'm with the firm of . . .	Eu pertenço à firma . . .
Could I speak to . . .?	Posso falar com . . .?
Please tell . . . I'm here . . .	Faça favor de me anunciar a . . .
I have an appointment with . . .	Tenho um encontro marcado com . . .
. . . is already waiting for you (*for & s-for*).	. . . já está à sua espera.
. . . is still in a meeting.	. . . está ainda numa reunião.
I'm going to take you (*for & s-for m/f*) to . . .	Vou levá-lo/levá-la a . . .
Forgive me (*m/f*) for arriving late.	Peço desculpa de chegar atrasado/atrasada.
Please have a seat (sit down).	Sente-se, se faz favor.
Would you (*for & s-for*) like something to drink?	Deseja tomar alguma coisa?
Did you (*for & s-for*) have a good trip?	Fez boa viagem?
How much time do we have?	Quanto tempo temos?
When does your (*for & s-for*) (air)plane leave?	A que horas parte o seu avião?
I need an interpreter.	Preciso de um intérprete.

Word List: Business Meeting

building	edifício
building superintendent, janitor	porteiro
company	firma
conference center	centro de conferências
conference room	sala de reuniões
date	prazo, data
department	a se(c)ção, departamento
doorman	porteiro
entrance	entrada
firm	firma
floor (level of a building)	o andar
general office	secretaria
interpreter (m/f)	o/a intérprete
meeting	a reunião, a sessão
meeting room	sala de reuniões
office	escritório
reception desk	a recepção
secretarial staff	secretariado
secretary (m/f)	secretário/secretária
section	a se(c)ção
session	a reunião, a sessão
term	prazo, data

Negotiations/Conferences/Trade Fairs
Negociação/Conferência/Feira

I'm looking for company . . .'s booth.	Eu procuro o stand da firma . . .
It's in pavillion . . . booth number . . .	É no pavilhão . . . stand número . . .
We are manufacturers (producers) of . . .	Nós somos produtores de . . .
We deal in . . .	Nós negociamos com . . .
Have you (for & s-for) got informational material concerning . . .?	Tem material de informação sobre . . .?

We can send you (*for & s-for*) material with detailed information concerning . . .

Podemos mandar-lhe material com informações pormenorizadas sobre . . .

Who(m) should I contact to try to . . .

A quem é que me devo dirigir para tratar de . . .

Could you (*for & s-for pl*) send us an offer (a bid)?

Podem enviar-nos uma oferta?

We should arrange a meeting.

Devíamos combinar um encontro.

Here's my calling card (visiting card).

Aqui tem o meu cartão de visita.

Word List: Negotiations/Conferences/Trade Fairs

advertising	propaganda
advertising campaign	campanha de publicidade
advertising material	o material de propaganda
agenda (of a meeting)	a ordem do dia
agent (*m/f*)	o/a representante o/a agente
bid	oferta
bill	conta, fa(c)tura
booth	cabina
branch (office)	a filial, a sucursal
budget	orçamento
business	negócio
business agent/ representative	o/a agente/representante comercial
business conglomerate	grupo empresarial
business contact	o interlocutor
business dealings	relações comerciais
business partner	parceiro de negócios
calling (visiting) card	o cartão de visita
catalogue	catálogo
cliente	o/a cliente
condition	a condição
conditions of payment	as condições de pagamento
conditions of supply	as condições de fornecimento
conditions of the contract	as condições do contrato
conference	conferência
confirmation of order	a confirmação da encomenda/do pedido

contract	contrato
cooperation	a cooperação
cost(s)	custo, os custos
delivery	entrega
delivery time	prazo de entrega
discount	desconto, a redução de preços
exhibitor	o expositor
list of exhibitors	lista dos expositores
expenses	as despesas
export, exportation	a exportação
exporter	o exportador
exposition	feira
industrial exposition (fair)	feira industrial
specialized exposition	feira especializada
exposition assistance	assistência
exposition booth	o stand da feira
exposition discount	desconto de feira
exposition hostess	hospedeira
exposition management	a dire(c)ção da feira
exposition park	o parque da feira
exposition pass	o cartão de livre-trânsito
fair	feira
financing	financiamento
freight	o frete, carga
general agency	a representação geral
general representation	a representação geral
guarantee	garantia
headquarters	a central
home office	a central
import	a importação
importation	a importação
importer	o importador
information	informações
informational material	o material de informação
information brochure	prospecto
information desk (stand)	o stand de informações
instruction	a instrução
insurance	seguro
interested in, to be	estar interessado em
inventory of merchandise	inventário de mercadorias
investment group	grupo empresarial
invoice	conta, fa(c)tura
pro forma invoice	fa(c)tura pró-forma

joint venture	a joint venture
leasing	o leasing
licensing contract	(contrato de) licença
manufacture	a produção
manufacturer	o fabricante, o produtor
marketing	o marketing
meeting	encontro, conferência
meeting place	ponto de encontro
merchandise	mercadoria
minutes (of a meeting)	protocolo, a(c)ta
offer	oferta
to offer	oferecer
order	encomenda, pedido
packaging	a embalagem
pavillion	o pavilhão
map of the pavillions	planta dos pavilhões
presentation	conferência
price	preço
price list	lista de preços
price reduction	a redução de preços
prospectus	prospecto
producer	o produtor
production	a produção
promotional campaign	campanha de publicidade
public relations	(as) relações públicas
publicity	a publicidade
purchase contract	contrato de compra
record of proceedings	protocolo, a(c)ta
representative (*m/f*)	o/a representante o/a agente
retailer, retail dealer	o/a retalhista
sales	venda
sales agent/representative	o/a agente/representante comercial
sales network	a rede de vendas
sales promotion	a promoção de vendas
sample	amostra
seller (*m/f*)	o vendedor/a vendedora
shipping	o frete, carga, o transporte
supplier	o fornecedor
supply	fornecimento
transaction tax	imposto sobre transa(c)ções
transport	o transporte
value-added tax	imposto sobre o valor acrescentado
warranty	garantia
wholesaler (*m/f*)	o/a atacadista, o/a grossista

Business Equipment

Equipamento

Could you (*for* & *s-for*) make some copies of this for me?

Pode-me fazer algumas cópias disto?

I need a rear projector for my lecture (talk).

Preciso de um retroproje(c)tor para a minha conferência.

Could you (*for* & *s-for*) get for me . . ., please?

Pode-me arranjar . . ., se faz favor?

Word List: Business Equipment

catalogue	catálogo
color copier	o copiador a cores
copy	cópia
darkening	escurecimento
diskette	a disquete (*Br* o disquete)
display materials	o material de exposição
extension cord	a extensão
fax machine	o telefax
flip chart	o flip-chart
microphone	o microfone
modem	o modem
notepad, notebook	bloco de papel
overhead projector	o retroproje(c)tor
pencil	o lápis
personal computer	o computador pessoal
lectern	púlpito
phone	o telefone
photocopier	o fotocopiador
printer	impressora
telephone	o telefone
telex	o telex
video	vídeo
word processing system	o sistema de tratamento de textos

A Short Grammar

Articles

		Definite articles	Indefinite articles
Singular	masculine	**o** carro the car	**um** sapato a shoe
	feminine	**a** porta the door	**uma** bota a boot
Plural	masculine	**os** carros the cars	**(uns)** sapatos shoes
	feminine	**as** portas the doors	**(umas)** botas boots

Used with definite articles are

● seas, rivers, mountains, continents, most countries, and several cities, for example:

o Atlântico	the Atlantic	a Europa	Europe
o Tejo	the Tagus River	o Brasil	Brazil
os Alpes	the Alps	o Porto	Porto

● the titles *senhor, senhora,* except in direct address:

o doutor Silva	(the) Dr. Silva	Boa noite, senhor engenheiro.
a senhora	(the Mrs.)	Good night, Mr. Engineer.
D. Luísa	Lady Luísa	

● possessive pronouns

● *ambos/as, todo/a, todos/as:*

o meu quarto	my room	ambos os filhos	both sons (children)
a minha prima	my cousin	toda a noite	all night
	(female)	todos os livros	all books

● clock time and holidays:

às três horas	at three o'clock	o Natal	Christmas
no domingo	on Sunday	a Páscoa	Easter

Used without articles are

● several countries:

em Portugal in Portugal   em Israel in Israel

● months:

em Dezembro in December

● vehicles after *de* in conjunction with several verbs, such as *ir, vir, andar:*

Vou de comboio, de carro, de avião, de táxi, de autocarro, de bicicleta, etc.	I travel by train, by car, by plane, by taxi, by bus, by bicycle, etc.

Without an indefinite article, there is

● *meio/-a.*

Chegámos há meia hora.   We arrived half an hour ago.

Preposition + Article

The prepositions *a, de, em* and *por* contract with the following definite articles into a single word:

a + o > ao	de + o > do	em + o > no	por + o > pelo
a + a > à	de + a > da	em + a > na	por + a > pela
a + os > aos	de + os > dos	em + os > nos	por + os > pelos
a + as > à	de + as > das	em + as > nas	por + as > pelas

Dou uma gorjeta **ao** porteiro.	I'm giving the porter a tip.
Vou telefonar **às** minhas amigas.	I will call my (girl) friends.
Os passageiros saíram **do** avião.	The passengers left the plane.
Recebi uma carta **da** minha tia.	I received a letter from my aunt.
Já não há quartos **no** hotel.	There are no more free rooms in the hotel.
Há muita gente **na** rua.	There are many people in the streets.
Passámos **pelo** centro da cidade.	We went through the center of the city (downtown).
Fazemos esta viagem **pela** primeira vez.	We're taking this trip for the first time.

The prepositions *de* and *em* may contract with the indefinite article or may stand alone. Contraction with *em* is more common than with *de*.

de + um	> dum	em + um	> num
de + uma	> duma	em + uma	> numa
de + uns	> duns	em + uns	> nuns
de + umas	> dumas	em + umas	> numas

Este quadro é **dum** pintor pouco conhecido.	This picture is by a little-known painter.
Li **numa** revista um artigo sobre este assunto.	I have read an article on this subject in a magazine.

Nouns

Most nouns ending in *-o* are masculine, those with *-a*, feminine.

Masculine nouns with *-a* are:

o clima	the climate	o programa	the program
o dia	the day	o telegrama	the telegram
o mapa	the map		among others.

Several nouns indicating people have only one form; the gender is expressed through the article:

o artista	the artist
a artista	the artist
o intérprete	the interpreter
a intérprete	the interpreter

o jovem	the boy
a jovem	the girl
o turista	the tourist
a turista	the tourist

To create the feminine form of a noun, the *-o* of the masculine is replaced by the *-a* of the feminine.

An *-a* is usually added to nouns that end with a consonant. For several nouns with *-ão*, this ending is replaced by *-ã*.

Masculine		Feminine	
o amigo	the friend	a amiga	the (female) friend
o pintor	the painter	a pintora	the painter
o português	the Portuguese man	a portuguesa	the Portuguese woman
o alemão	the German man	a alemã	the German woman
o irmão	the brother	a irmã	the sister

The plural is generally formed through addition of an -s. But if the noun ends with an -r, -s, or -z, -es is added.

Singular		Plural	
o mercado	the market	os mercados	the markets
a data	the date	as datas	the dates
a irmã	the sister	as irmãs	the sisters
a mulher	the woman	as mulheres	the women
o país	the country	os países	the countries
o rapaz	the boy	os rapazes	the boys

The endings -m and -l become -ns and -is respectively. Unstressed -il becomes -eis.

a viagem	the trip	as viagens	the trips
o som	the sound	os sons	the sounds
o jornal	the newspaper	os jornais	the newspapers
o hotel	the hotel	os hotéis	the hotels
o fóssil	the fossil	os fósseis	the fossils

The nouns with ão form the plural mostly with -ões, several also with -ãos, -ães.

o avião	the airplane	os aviões	the airplanes
a melão	the melon	os melões	the melons
o irmão	the brother	irmãos	the brothers
o pão	the bread loaf	pães	the bread loaves

Nominative / Accusative / Dative / Genitive
(The Four Cases)

Since Portuguese has no noun declensions, the four cases are either marked by the noun's position in the sentence or by prepositions.

The four cases correspond to Portuguese:

Nominative Who? What? (Subject)	**O motorista** conduz o carro. The motorist drives the car.	Subject In front of the verb
Accusative Whom? What? (Direct Object)	O motorista conduz **o carro**.	Object After the verb
Dative To whom? (Indirect Object)	Contei a história **a um jornalista**. I told the story to a journalist.	Preposition **a** before the object
Genitive Whose? Of what? (Possessive)	Aquela é a casa **do médico**. That is the doctor's house.	Preposition **de** before the object

Adjectives

Gender

● The adjectives with -*o* have the ending -*a* in the feminine form.

● The adjectives with -*ol*, -*or*, -*ês* and -*u* normally add an -*a*.

● The adjectives with -*ão* form the feminine with -*ona* or, respectively, -*a*.

● The adjectives with -*eu* have the ending -*eia* in the feminine.

Masculine	Feminine	
branco bonito	branca bonita	white pretty
espanhol português encantador cru	espanhola portuguesa encantadora crua	Spanish Portuguese enchanting raw
mandrião alemão	mandriona alemã	lazy German
europeu	europeia	European

Exceptions		
bom mau	boa má	good bad

● Many adjectives have only one form for both genders:

um passeio interessante uma viagem interessante	an interesting walk an interesting trip
o vestido azul a saia azul	the blue dress the blue skirt

Plurals

To form the plurals, the adjectives follow the rules for the nouns.

novo	novos	new	azul	azuis	blue
regular	regulares	regular	fácil	fáceis	easy
feliz	felizes	happy	mandrião	mandriões	lazy
bom	bons	good	alemão	alemães	German

The agreement of nouns and adjectives

The adjective is always in agreement with the noun in gender and number.

um homem alt**o**	a tall man
uma mulher baix**a**	a short woman
os sapatos nov**os**	the new shoes
as botas velh**as**	the old boots
O vinho é car**o**.	The wine is expensive.
A fruta é barat**a**.	The fruit is cheap.
Os sapatos são car**os**.	The shoes are expensive.
As sandálias são barat**as**.	The sandals are cheap.

Position of adjectives

Adjectives normally come after nouns, although some precede them.

um	artista	português	a Portuguese artist
um	objeto	perdido	a lost object
o	céu	azul	the blue sky
um	bom	rapaz	a good boy
um	lindo	dia	a beautiful day
o	mau	tempo	the bad weather

Comparative and superlative of adjectives

Comparative	mais ... (do) que	As laranjas são mais baratas (do) que as bananas. The oranges are cheaper than the bananas.
	tão ... como	A mulher é tão alta como o homem. The woman is as tall as the man.
	menos ... (do) que	A pensão é menos confortável (do) que o hotel. The boarding house is less comfortable than the hotel.

Superlative	o/a mais …	Este peixe é o mais saboroso. This fish is the most delicious.
	o/a menos ...	Este peixe é o menos saboroso. This fish is the least delicious.
	muito ...	A carne é muito cara. The meat is very expensive.
	...íssimo/a	A carne é caríssima. The meat is very, very expensive.

Irregular comparison

bom, boa good	**melhor** better	**o/a melhor** the best	**óptimo/a** very good
mau, má bad	**pior** worse	**o/a pior** the worst	**péssimo/a** very bad
grande big	**maior** bigger	**o/a maior** the biggest	**máximo/a** very big
pequeno/a little	**menor** littler	**o/a menor** the littlest	**mínimo/a** very little

The forms *menor* and *o/a menor* are normally replaced by *mais pequeno/-a* or *o/a mais pequeno/a*; rather than *máximo/-a* and *mínimo/-a*, the superlatives *grandíssimo/-a* or *muito grande* and *pequeníssimo/-a* or *muito pequeno/-a* are used.

Adverbs

- There are primitive adverbs in Portuguese

aqui	**hoje**	**depressa**
here	today	quickly

- and derived adverbs that are made by adding **-mente** to the feminine form of the adjective. The adjective's accent disappears in the adverb.

Adjective		Adverb	
Masculine	Feminine		
certo	certa	**certamente**	certainly
evidente		evidente**mente**	evident
fácil		facil**mente**	simply
Exceptions			
bom	boa	bem	well
mau	má	mal	badly

Comparative and superlative

● Many adverbs can form comparatives and superlatives like adjectives.

devagar	mais devagar	muito devagar
slowly	more slowly	very slowly
claramente	mais claramente	muito claramente
clearly	more clearly	very clearly

The English superlative forms have no Portuguese equivalents; they are expressed through a construction with the help of the comparative.

Ele é o que corre mais depressa.   He runs the fastest.

Irregular Comparison

bem	**melhor**	**muito bem**
well	better	very well
mal	**pior**	**muito mal**
badly	more badly	very badly
muito	**mais**	**muitíssimo**
very	more	very much
pouco	**menos**	**pouquíssimo**
little	less	very little

Verbs

● Verbs are commonly used without personal pronouns.

Temos tempo.   We have time.

● In general, the second person plural is replaced by the third person plural. The second person plural becomes *vocês*. Thus, the second person plural will not be presented in this grammar.

Vocês não vão hoje à praia?   Aren't you (pl.) going to the beach today?

● As a polite form, the third person singular or plural are used, mostly in combination with *você (vocês), o senhor, a senhora (os senhores, as senhoras)* ; that is, with titles or names. In Portugal *você* serves as the polite form in familiar usage; in Brazil it has also replaced *tu*.

O senhor (a senhora) pode-me dizer onde é o correio, se faz favor?   Could you please tell me where the post office is?

● A lady is addressed with *(senhora) D. (= Dona)* along with the first name.

A (senhora) D. Amália vai hoje às compras?   Are you going shopping today?

Present

a) The verbs ser—estar; ter—haver

	ser	estar	ter	haver
eu	sou	estou	tenho	hei
tu	és	estás	tens	hás
ele \\ ela ∫	é	está	tem	há
nós	somos	estamos	temos	havemos
vocês	são	estão	têm	hão
eles \\ elas ∫	são	estão	têm	hão

- *Ser* denotes significant, lasting characteristics such as sex, career, familial relations, citizenship, and religion and is used with temporal adverbs.

- *Ser* is also used for the passive construction.

- *Estar* refers to a temporary state and also often has the meaning of "to be in a state of something."

A cidade é grande.	The city is large.
O senhor é português?	Are you Portuguese?
Hoje é quinta-feira.	Today is Thursday.
A bagagem é transportada para o aeroporto.	The luggage is being transported to the airport.
A janela está fechada.	The window is closed.
O rapaz está muito contente.	The boy is very happy.
Estamos em Lisboa.	We are in Lisbon.

- *Ter* means "to have" (possess) and is also used in construction of the compound verb tenses.

- In contrast, *haver* is seldom used in construction of the compound verb tenses, but generally with *de* + infinitive to denote the future. This in no way means "to have" (possess).

- *Há* frequently has the sense of "there is/are" or with temporal expressions, the meaning of "for/in" and "ago."

Tenho aqui dez escudos.	I have ten Escudos here.
Temos tempo.	We have time.
O meu amigo tem viajado muito.	My friend has traveled a lot recently.
Hei-de escrever um postal.	I will write a postcard.
Hoje não há peixe.	There is no fish today.
Há dois dias que não o vejo.	I have not seen him for two days.
Estive em Lisboa há dois anos.	I was in Lisbon two years ago.

b) Regular verbs

The verbs are divided into three groups (conjugations) according to their infinitival endings.

	-ar	**-er**	**-ir**
	fal**ar** to speak	viv**er** to live	part**ir** to depart
eu	fal**o**	viv**o**	part**o**
tu	fal**as**	viv**es**	part**es**
ele } ela }	fal**a**	viv**e**	part**e**
nós	fal**amos**	viv**emos**	part**imos**
vocês	fal**am**	viv**em**	part**em**
eles } elas }	fal**am**	viv**em**	part**em**

Past Tense Forms

	falar	viver	partir
Imperfeito (Imperfect)	fal**ava** fal**avas** fal**ava** fal**ávamos** fal**avam** fal**avam**	viv**ia** viv**ias** viv**ia** viv**íamos** viv**iam** viv**iam**	part**ia** part**ias** part**ia** part**íamos** part**iam** part**iam**
Perfeito simples (Preterit)	fal**ei** fal**aste** fal**ou** fal**ámos** fal**aram** fal**aram**	viv**i** viv**este** viv**eu** viv**emos** viv**eram** viv**eram**	part**i** part**iste** part**iu** part**imos** part**iram** part**iram**
Perfeito composto (Present Perfect)	tenho fal**ado** tens falado tem falado etc.	tenho viv**ido** tens vivido tem vivido etc.	tenho part**ido** tens partido tem partido etc.

- The *imperfeito* (imperfect) describes actions that continue in the past or are often repeated.

- The *perfeito simples* (preterit) describes actions completed in the past.

- The *perfeito composto* (present perfect) describes actions continuing from the past into the present.

Ele chegava sempre tarde.	He always arrived late.
O meu primo visitou-me quando eu vivia em Lisboa.	My cousin visited me while I was living in Lisbon.
Ultimamente não tem chovido.	It hasn't rained lately.

- The verbs of the first conjugation *(-ar)* form the participle with *-ado;* those of the second and third conjugations *(-er, -ir)* to *-ido.*

Important irregular past participles:

abrir	to open	aberto
dizer	to say	dito
escrever	to write	escrito
fazer	to make	feito
ganhar	to earn	ganho
ganhar	to spend	gasto
pagar	to count	pago
pôr	to place	posto
ver	to see	visto
vir	to come	vindo

Future and Conditional

	falar	viver	partir
Future	falar**ei**	viver**ei**	partir**ei**
	falar**ás**	viver**ás**	partir**ás**
	falar**á**	viver**á**	partir**á**
	falar**emos**	viver**emos**	partir**emos**
	falar**ão**	viver**ão**	partir**ão**
	falar**ão**	viver**ão**	partir**ão**
Condi-tional	falar**ia**	viver**ia**	partir**ia**
	falar**ias**	viver**ias**	partir**ias**
	falar**ia**	viver**ia**	partir**ia**
	falar**íamos**	viver**íamos**	partir**íamos**
	falar**iam**	viver**iam**	partir**iam**
	falar**iam**	viver**iam**	partir**iam**

● The future is also often expressed by the present, or *ir* (in the present), + the infinitive.

| Parto amanhã para Portugal. | I will go to Portugal tomorrow. |
| Vou-lhe dizer o que penso. | I will tell you what I think. |

● The conditional also serves to formulate a polite request for information. It is often replaced by the imperfect.

| Poderia (podia) dizer-me que horas são, se faz favor? | Could you please tell me what time it is? |
| Desejaria (desejava) fazer-lhe uma pergunta. | I'd like to ask you a question. |

Imperative

	falar		comer	
	permit	forbid	permit	forbid
Singular	**fala** speak	**não fales** don't speak	**come** eat	**não comas** don't eat
	não fale (don't) speak (formal)		(**não**) **coma** (don't) eat (formal)	
Plural	(**não**) **falem** (don't) speak (formal and informal)		(**não**) **comam** (don't) eat	

Also: **partir**

Present Participles

falar	comer	partir
fal**ando**	com**endo**	part**indo**

These invariant forms mostly correspond to English clauses that are introduced by the conjunctions *and*, *this*, *whereby*, *because*, *if*, *than*, etc.

Ele saiu logo, nem sequer tendo tempo para comer.	He left immediately, not even having time to eat.
Em chegando, telefone-me.	Upon arriving, call me.

The progressive

Estar + present participle or *estar* + *a* + infinitive mark an action in progress at the moment. The first construction is generally used in Brazil, the second in Portugal.

Estou lendo o jornal.	I am reading the newspaper.
Estou a ler o jornal.	

Subjunctive and personal infinitive

These two moods occur frequently in Portuguese. The personal infinitive has no English counterparts, and the subjunctive is used differently in Portuguese than in English.

They appear almost exclusively in subordinate clauses, and their discussion would be too extensive for this travel dictionary. Travelers can also make themselves understood without these forms in Portugal as well as in Brazil.

Negation

● *Não* ("not") always comes before the verb.

● *Nada* ("nothing"), *nunca* ("never"), *ninguém* ("nobody"), and *nenhum* ("no") (adjective) or "no kind of" can come before or after the verb; when following the verb, it is intensified by *não* before the verb.

Não sei.	I don't know.
Não entendo nada.	I understand nothing.
Nunca estive em Portugal.	I was never in Portugal.
Ainda não visitei nenhum museu.	I haven't visited any museum yet.

Important irregular verbs

The following overview does not contain the forms that are formed regularly or that are rarely used.

caber to fit, to have room for, to accommodate　　Past Participle: cabido

Present	caibo, cabes, cabe, cabemos, cabem
Preterit	coube, coubeste, coube, coubemos, couberam

cair to fall　　Past Participle: caído

Present	caio, cais, cai, caímos, caem
Imperative (negative)	não caias, não caia, não caiam

Also with **sair** to exit, to go out

cobrir to cover　　Past Participle: coberto

Present	cubro, cobres, cobre, cobrimos, cobrem
Imperative	cobre/não cubras, (não) cubra, (não) cubram

Also with **dormir** to sleep (Past Participle: dormido)

dar to give   Past Participle: dado

Present	dou, dás, dá, damos, dão
Preterit	dei, deste, deu, demos, deram
Imperative	dá/não dês, (não) dê, (não) dêem

despir to undress   Past Participle: despido

| Present | dispo, despes, despe, despimos, despem |
| Infinitive | despe/não dispas, (não) dispa, (não) dispam |

Also with **ferir** to hurt, **mentir** to lie, **preferir** to prefer, **seguir** to follow, **sentir** to feel, **servir** to serve, **vestir** to dress

dizer to say   Past Participle: dito

Present	digo, dizes, diz, dizemos, dizem
Preterit	disse, disseste, disse, dissemos, disseram
Future	direi, dirás, dirá, diremos, dirao
Conditional	diria, dirias, diria, diríamos, diriam
Imperative	diz/não digas, (não) diga, (não) digam

estar to be   Past Participle: estado

Present	estou, estás, está, estamos, estão
Preterit	estive, estiveste, esteve, estivemos, estiveram
Imperative	está/não estejas, (não) esteja, (não) estejam

fazer to make   Past Participle: feito

Present	faço, fazes, faz, fazemos, fazem
Preterit	fiz, fizeste, fez, fizemos, fizeram
Future	farei, farás, fará, faremos, farão
Conditional	faria, farias, faria, faríamos, fariam
Imperative	faz/não faças, (não) faça, (não) façam

fugir to flee   Past Participle: fugido

| Present | fujo, foges, foge, fugimos, fogem |
| Imperative | foge/não fujas, (não) fuja, (não) fujam |

Also with **consumir** to consume, **acudir** to help, **sacudir** to shake

haver to have   Past Participle: havido

Present	hei, hás, há, havemos, hão
Preterit	houve, houveste, houve, houvemos, houveram

ir to go, to drive   Past Participle: ido

Present	vou, vais, vai, vamos, vão
Preterit	fui, foste, foi, fomos, foram
Imperative	vai/não vás, (não) vá, (não) vão

ler to read   Past Participle: lido

Present	leio, lês, lê, lemos, lêem
Preterit	li, leste, leu, lemos, leram
Imperative	lê/não leias, (não) leia, (não) leiam

Likewise **crer** to believe

medir to measure   Past Participle: medido

Present	meço, medes, mede, medimos, medem
Imperative	mede/não meças, (não) meça, (não) meçam

Likewise **pedir** to ask for, to request

ouvir to hear   Past Participle: ouvido

Present	ouço (oiço), ouves, ouve, ouvimos, ouvem
Imperative	ouve/não ouças, (não) ouça, (não) ouçam

perder to lose   Past Participle: perdido

Present	perco, perdes, perde, perdemos, perdem
Imperative (negative)	não percas, não perca, não percam

poder to be able to   Past Participle: podido

Present	posso, podes, pode, podemos, podem
Preterit	pude, pudeste, pôde, pudemos, puderam

pôr to lay   Past Participle: posto

Present	ponho, pões, põe, pomos, põem
Imperfeito (Imperfect)	punha, punhas, punha, púnhamos, punham
Preterit	pus, puseste, pôs, pusemos, puseram
Imperative	pôe/não ponhas, (não) ponha, (não) ponham

prevenir to warn   Past Participle: prevenido

| Present | previno, prevines, previne, prevenimos, previnem |
| Imperative | previne / não previnas, (não) previna, (não) previnam |

Also with **agredir** to attack, **progredir** to progress, **transgredir** to exceed

querer to want   Past Participle: querido

Present	quero, queres, quer, queremos, querem
Preterit	quis, quiseste, quis, quisemos, quiseram
Imperative	queira (o senhor, você), queiram

rir to laugh   Past Participle: rido

| Present | rio, ris, ri, rimos, riem |
| Imperative | ri/não rias, (não) ria, (não) riam |

saber to know   Past Participle: sabido

| Present | sei, sabes, sabe, sabemos, sabem |
| Preterit | soube, soubeste, soube, soubemos, souberam |

ser to be   Past Participle: sido

Present	sou, és, é, somos, são
Imperfeito	era, eras, era, éramos, eram
Preterit	fui, foste, foi, fomos, foram
Imperative	sê/não sejas, (não) seja, (não) sejam

ter to have   Past Participle: tido

Present	tenho, tens, tem, temos, têm
Imperfeito	tinha, tinhas, tinha, tínhamos, tinham
Preterit	tive, tiveste, teve, tivemos, tiveram
Imperative	tem/não tenhas, (não) tenha, (não) tenham

trazer to bring   Past Participle: trazido

Present	trago, trazes, traz, trazemos, trazem
Preterit	trouxe, trouxeste, trouxe, trouxemos, trouxeram
Future	trarei, trarás, trará, traremos, trarão
Conditional	traria, trarias, traria, traríamos, trariam
Imperative	traz/não tragas, (não) traga, (não) tragam

valer to be worth   Past Participle: valido

Present	valho, vales, vale, valemos, valem

ver to see   Past Participle: visto

Present	vejo, vês, vê, vemos, vêem
Preterit	vi, viste, viu, vimos, viram
Imperative	vê/não vejas, (não) veja, (não) vejam

vir to come   Past and Present Participle: vindo

Present	venho, vens, vem, vimos, vêm
Imperfeito	vinha, vinhas, vinha, vínhamos, vinham
Preterit	vim, vieste, veio, viemos, vieram
Imperative	vem / não venhas, (não) venha, (não) venham

Word Order

The regular word order **in declarative sentences** is:

Subject	Predicate	Direct object	Indirect object
O passageiro	mostrou	o bilhete	ao revisor.
The passenger	showed	the ticket	to the conductor.

In questions, the word order remains unchanged. Only the intonation rises near the end.

O hotel é caro?   Is the hotel expensive?

After an initial *wh*- question word, the subject and predicate are inverted. In contrast, after a *wh*- question word + *é que*, the word order remains unchanged.

	Este comboio vai para Lisboa?
Para onde	vai este comboio?
Quando	chega o próximo avião?
Quando é que	o navio parte?

Pronouns

Personal pronouns

Nominative		Dative		Accusative		After Prepositions	
eu	I	me	to me	me	me	para mim	for me
tu	you	te	to you	te	you	para ti	for you
ele	he	lhe	to him	o	him	para ele	for him
ela	she	lhe	to her	a	her	para ela	for her
				se	her/ himself	para si	for her/ himself
nós	we	nos	to us	nos	us	para nós	for us
vocês	you (pl.)	lhes / a vocês	to you (pl.)	os/as / vocês	you (pl.)	para vocês	for you (pl.)
eles elas	they	lhes	to them	os as	them	para eles para elas	for them
				se	them- selves	para si	for them- selves

Contracted forms:

de + ele(s), ela(s)   > dele(s), dela(s)
em + ele(s), ela(s) > nele(s), nela(s)

com + mim	comigo
com + ti	contigo
com + si	consigo
com + nós	connosco

● *Se* is often used with the same meaning as the English impersonal
  pronoun "one":

Isso não se diz!   One doesn't say that!

● *Si* and *consigo* are often used for polite address:

Esta carta é para si.	This letter is for you.
Preciso de falar consigo.	I have to speak with you.

● In Portugal, the object pronouns are placed after the verb and are
  often connected to them with a hyphen.

In negative sentences, as well as in subordinate clauses after
adverbs such as *já, ainda, também*, among others, and also after
pronouns like *alguém, todo, muito*, etc., the object pronouns are
placed before the verb.

Vejo-o todos os dias.	I see him every day.
Ele não me deu o troco.	He didn't give me the change.
Creio que o perdi.	I think I've lost it.
O guia já nos chamou.	The tour guide has already called us.
Toda a gente a conhece.	Everyone knows her.

● In Brazil, the object pronouns are usually placed before the verb.

Eu o vejo todos os dias.   I see him every day.

● If a *wh-* question word begins a clause, the pronouns appear
  before the verb, just as in the subordinate clauses.

Quem lhe deu a notícia?   Who gave you the news?

Sei que lhe telefonou ontem.   I know that you called him
                                    yesterday.

● If the verb ends with *-r*, *-s* or *-z,*, then *o, a, os, as* change into *lo*, *la, los, las*, where the final consonant of the verb is deleted. If the verb ends with a nasal *(-ão, -am, -em)*, then the forms *no, na, nos* and *nas* are used instead.

Penso encontrá-**la** hoje.	I plan to meet you today.
Mostremo-**lo** aos outros.	Let's show it to the others.
Vamos vê-**los** amanha.	We'll see you tomorrow.
A porta estava fechada e eles abrira**m-na**.	The door was closed and they opened it.

● Two object pronouns beside the verb combine:

me + o > mo	nos + o > nolo
te + o > to	lhes + o > lho
lhe + o > lho	etc.

Dei-**lho** ontem.	I gave it to him yesterday.
Mostra-**no-la**!	Show her to us.
Não **mo** ofereceram.	They didn't give it to me.

Reflexive pronouns and reflexive verbs

lavar-se to wash (oneself)

eu	lavo-me	I wash (myself)
tu	lavas-te	you wash (yourself)
ele } ela	lava-se	he washes (himself) she washes (herself)
nós	lavamo-nos	we wash (ourselves)
vocês	lavam-se	you wash (yourselves)
eles } elas	lavam-se	they wash (themselves)

● The position of the reflexive pronouns corresponds to those of the object pronouns.

● *Se* is also used as a passive voice construction where it is placed after the third person singular or the plural of the verb.

Vende-se este terreno.	This property is for sale.
Alugam-se quartos.	Rooms for rent.

Possessive pronouns

Possession / Owner	Singular		Plural		
	m	*f*	*m*	*f*	
Singular	meu teu seu	minha tua sua	meus teus seus	minhas tuas suas	my your { his { her { its
Plural	nosso vosso seu	nossa vossa sua	nossos vossos seus	nossas vossas suas	our { your { (pl., { formal) their

● The possessive pronouns are used with articles.

A sua irma está em São Paulo?	Is your sister in São Paulo?
Onde está o meu chapéu?	Where is my hat?

● Because the forms *seu, sua, seus, suas* are also used in direct address, it is common to use the contracted forms *dele, dela, deles, delas* to avoid confusion.

Conhecemos a mulher dele.	We know his wife.
Sabe qual é o carro delas?	Do you know which car is hers?

Demonstrative pronouns

Unin-flected	Inflected				
	Singular		Plural		
	m	*f*	*m*	*f*	
isto	este	esta	estes	estas	this
isso	esse	essa	esses	essas	that
aquilo	aquele	aquela	aqueles	aquelas	that

- *Isto, este, esta*, etc., refer to something that is close to the speaker.

- *Isso, esse, essa*, etc., refer to something that is close to the person spoken to.

- *Aquilo, aquele, aquela*, etc., refer to something that is neither close to the speaker nor to the addressee.

- *Isto, isso, aquilo* as neuter demonstrative pronouns never function as adjectives.

Queres este bolo?	Do you want this cake?
Não, prefiro aquele.	No, I would prefer the one over there.
Onde comprou essas calças?	Where did you buy those pants?
O que é isso?	What is that?
Isto é uma caixa.	That is a box.

- The demonstrative prepositions are contracted with the prepositions *de* and *em*.

de + isto > disto   em + isto > nisto
de + este > deste   em + este > neste
de + esse > desse   em + esse > nesse
de + aquele > daquele   em + aquele > naquele
etc.

Gostam **deste** vinho?	Do you *(pl)* like this wine?
Naquele restaurante come-se bem.	One eats well in that restaurant.

Relative Pronouns

● *Que* (that, which) is the most used relative pronoun. It is uninflected and refers to people as well as objects.

● *O que* corresponds to the English "what."

O homem **que** saiu esta manha ainda não voltou.	The man who left this morning has not returned yet.
O fato **que** comprei está apertado.	The suit that I bought is too small.
O **que** ele me disse era verdade.	What he told me was true.

● *Quem* (whoever, whom) is also uninflected, but only refers to people and is mostly used with a preposition.

Quem muito dorme pouco aprende.	Whoever sleeps late learns little.
Este é o senhor com **quem** falei ontem.	That is the man with whom I spoke yesterday.

Question pronouns and wh- question words

quem who whom	**Quem** fala? **Quem** encontraram ontem à noite? Para **quem** é este presente? De **quem** estão a falar?	Who is speaking? Whom did you meet last night? For whom is this present? Of whom are you speaking?
(o) que what	**(O) que** está a fazer? Em **que** está a pensar? Para **que** serve isto?	What are you doing? What are you thinking about? What is that good for?
qual, quais which	**Qual** é a sua mala? **Quais** sapatos comprou?	Which is your suitcase? Which shoes did you buy?
quanto, -a how much quantos, -as how many	**Quanto** custam as uvas? **Quantas** horas dura a viagem?	How much do the grapes cost? How many hours does the trip last?
onde where donde from where aonde (to) where para onde (to) where	**Onde** está o lápis? **Donde** vêm os senhores? **Aonde** vamos? **Para onde** vai comboio?	Where is the pencil? Where do you (formal) come from? Where are we going? Where is this train going?
como how	**Como** se chama?	What is your name?
porque why	**Porque** vens tão tarde?	Why do you come so late?

● Standing alone or at the end of a sentence, *que* and *porque* are replaced by the accented forms *quê* and *porquê*.

O quê?   What?
Não sei porquê.   I don't know why.

Indefinite pronouns

alguém anyone algum, a any, anything (alg)uns, (alg)umas a few, several	Alguém perguntou por mim? Há aqui alguma farmácia? Tem alguma coisa para mim? Estão aqui umas cartas para si.	Has anyone asked for me? Are there any pharmacies here? Do you have anything for me? There are a few letters here for you.
ninguém nenhum, a no, no kind of	Aqui ninguém me conhece e eu não conheço ninguém. Não faço ideia nenhuma.	Here nobody knows me and I know no one. I have no idea.
todo, -a (the) whole todos, -as all (the)	A viagem durou toda a noite. Partimos todos. Todos os lugares estão ocupados.	The trip lasted the whole night. We are all departing.
tudo everything nada nothing	Já vimos tudo. Não percebo nada.	We have already seen everything. I don't understand anything. (I under- stand nothing.)
cada um, uma each, every cada each, every	Cada um paga a sua conta. Em cada mesa ficam quatro pessoas.	Each pays his (her) own bill. Four people sit at every table.

- *Alguém, ninguém, tudo, nada, cada* are uninflected.
- *Algum, nenhum, todo* are inflected for gender and number.
- After *todo, toda, todos, todas*, there is a definite article if a noun follows.

ENGLISH–PORTUGUESE DICTIONARY

A

abbreviation abreviatura
able capaz, esperto, hábil
able to, to be able (v) poder
about cerca de, sobre
above acima de, sobre;
  above all sobre tudo
absent ausente
absolutely absolutamente
abundant abundante
abuse abuso
abuse (v) abusar (de)
accelerate (v) acelerar
accent acento (mark); sotaque (speech) (m)
accept (v) aceitar
acceptance aceitação (f)
access acesso
accident acidente (m); **to be a victim of an accident** ser vítima dum acidente
accidentally acidentalmente
acclimate oneself (v) aclimatar-se
accompaniment acompanhamento
accompany (v) acompanhar
according to segundo
account of, on por causa de
accuracy precisão (f)
accustomed to, to get or become habituar-se a; acostumar-se a; **to be accustomed** estar habituado; **accustomed** habituado
ache (v) doer
aching doído
acid ácido
acquaintance conhecimento
acquainted, to be conhecer
across através de
act a(c)to
action a(c)ção (f)
activity a(c)tividade (f)
acute agudo
adapt oneself (v) aclimatar-se
add (v) acrescentar
additional adicional

add up (v) somar
adjust (v) afinar
administration administração (f)
admire (v) admirar
admission entrada; **No admittance!** Proibida a entrada!
adult adulta/adulto (f/m)
advance (v) avançar
advantage vantagem (f)
advantageous vantajoso
advertisement anúncio, reclamo
advertising propaganda
advice conselho
advice, to ask someone pedir conselho a alguém
advise (v) aconselhar
affectionate carinhoso
affirm (v) afirmar
afraid of, to be ter medo de
after depois de; desde; trás
afternoon tarde (f); **this afternoon** esta tarde
after(wards) depois
again novamente, de novo, outra vez
against contra; **against one's will** contra vontade
against, to be ser contra
age idade (f); **of age** emancipado/emancipada
agency agência
agitated agitado/agitada
ago atrás, há . . . , faz . . .
agree (v) estar de acordo, concordar, convir; **agree on** (v) combinar; **agree to** (v) consentir
agreeable agradável, ameno
agreement acordo
agreement, to be in estar de acordo; **reach an agreement** (v) chegar a acordo
aid ajuda, apoio, socorro
air ar (m)
air out (v) arejar, ventilar

airplane avião; **to go by airplane** ir de avião

alarm clock despertador *(m)*

alcohol álcool; **denatured alcohol** álcool desnaturado

alive vivo

all todo/toda/todos/todas *(m/f) (sg/pl) (adj)*; tudo

alliance aliança

allotment repartição *(f)*

allow *(v)* permitir

almost quase

alone só *(adj)*, sozinho

along ao longo de

already já

also também

alter *(v)* alterar

although ainda que; embora *(conj)*

altitude altura

always sempre; todas as vezes; desde sempre

amazing maravilhoso

ambulance ambulância

America América; **in America** na América

American americano/americana

among entre; **among other things** entre outras coisas

amount quantia, quantidade *(f)*, soma

amusing divertido

analyze *(v)* analisar

ancient antigo/antiga

and e

anecdote anedota

annex anexo

anger raiva

angle canto

angry zangado, colérico, irado, furioso

angry, to become ficar furioso

animal animal *(m)*; **animal food** comida de animais

anniversary aniversário

announce *(v)* anunciar

announcement anúncio

annoy *(v)* importunar; **annoyed** aborrecido

annual anual *(adj)*; **annually** anualmente

another outro; **another day** outro dia; **another time** outra vez

answer *(v)* responder; replicar

anxious inquieto

any qualquer

anything qualquer coisa

anyway de qualquer maneira, de qualquer modo

anywhere em qualquer parte

apartment apartamento

apologize *(v)* desculpar-se

apparel traje *(m)*, vestuário

apparently aparentemente

appear *(v) (as to seem)* parecer; *(as to show up)* aparecer

appearance aparencia; aspecto

appearance of, to have the ter aspecto de, ter ar de

appetite apetite *(m)*

applause aplausos *(m pl)*

appliance aparelho

appoint *(v)* nomear

appointment apontamento

appraise *(v)* avaliar

appreciate *(v)* apreciar, admirar

approach *(v)* aproximar-se

approximately aproximadamente

aquaintance conhecido/conhecida *(m/f)*

area area, região *(f)*

argue *(v)* discutir

around em volta de

arrange *(v)* arranjar

arrest someone *(v)* deter alguém

arrive *(v)* chegar

article artigo

as como; **as . . . as** tão . . . como; **as if** como se; **as long as** enquanto *conj.*; **as soon as possible** quanto antes

ask *(v) (a question)* perguntar, fazer uma pergunta

ask for *(v)* pedir; **to ask something from someone** pedir alguma coisa a alguém

asleep, to fall adormecer

aspect aspecto

assault *(v)* assaltar

assert *(v)* afirmar

assistance socorro

associate colega *(m)*

association associação *(f)*

assume *(v)* assumir

assurance promessa

assure *(v)* assegurar; prometer
at à/às; **at night** à noite; **at once** logo *(adv)*; **at one o'clock** à uma; **at sunset** ao pôr-do-sol; **at the same time** entretanto, ao mesmo tempo; **at two o'clock** às duas
Atlantic Atlântico
atmosphere ambiente *(m)*
atrium átrio
attain *(v)* alcançar
attempt tentativa, ensaio
attempt *(v)* tentar
attention atenção *(f)*
attention (to), to pay prestar atenção (a)
attentive atento
attire traje *(m)*
attractive simpático
aunt tia
Austria Áustria
Austrian austríaco/austríaca
authentic autêntico
authorities autoridades *(f pl)*
authorization autorização *(f)*
authorize *(v)* autorizar
authorized autorizado
automatic automático
automobile automóvel *(m)*
avail, to no em vão
average média; médio *(adj)*; **on (the) average** em média
avoid *(v)* evitar
awaken *(v)* acordar, despertar; **awake** acordado
aware consciente
away, to go ir-se embora; **to send away** mandar embora

B

baby bebé *(m)*
bachelor/bachelorette solteiro/ solteira
back (1) atrás; **back(wards)** para trás **back (2)** *(of the body)* costas *(f pl)*
back, to go voltar para trás, voltar atrás
back up *(v)* recuar
backwards, to go recuar

bad mau
badly mal
bag saco, bolsa *(Br)*
baggage locker depósito
balance balança
balance *(accounting)* saldo
bald-faced descarado
ball bola
band *(musical)* conjunto
bandage ligadura, penso
bandage *(v)* pensar
bank *(financial institution)* banco; **bank** *(as shore)* beira, borda, banda
bar barra
bargain *(v)* regatear
bath banho
bath, to take a tomar banho
bathroom casa de banho, retrete *(f)*, banheiro *(Br)*; **hot baths** termas *(f pl)*
battery bateria, pilha
bay baía
be *(v)* ser; estar
be from *(v)* ser de
beach praia
bear *(v)* aguentar *(Br* agüentar), suportar
beat *(v)* bater
beautiful belo, lindo
beauty beleza
because pois; porque; **because of** por causa de
become *(v)* tornar-se
bed cama
bedclothes roupa de cama
bed, to be in estar deitado; **to go to bed** ir para a cama, deitar-se, ir deitar-se
bee abelha
beef carne de vaca
before antes (de); diante de
beforehand de antemão *(adv)*
begin *(v)* começar
beginning começo, princípio
behalf of, on a favor de
behavior comportamento
behind atrás (de); trás
behind, to be atrasar-se
Belgian belga *(m/f)*
Belgium Bélgica
belief crença

believe *(v)* acreditar, crer
bell campainha
belong to *(v)* pertencer a
below sob
beneath abaixo de, debaixo de, sob
benevolent benévolo
besides além de, além disso, aliás
bet aposta
bet *(v)* apostar
better melhor; **better than** melhor (do) que
better *(v)* melhorar
between entre
beyond acima de; além
big grande; grosso
bill conta, fa(c)tura; **to make a mistake on the bill** enganar-se na conta
bill of fare cardápio *(Br)*
bind *(v)* ligar
binoculars binóculo
bird ave *(f)*, pássaro
birth nascimento
birthday aniversário
birthplace terra natal
bit bocado
bite *(v)* morder; *(insect)* picar
bitter amargo
blame culpa
bland brando, suave
blank impresso
blanket cobertor *(m)*
blemish mancha
blind cego
blink *(v)* piscar
bloom or blossom *(v)* florescer
blow pancada
blow up *(v)* *(as to inflate)* encher (de ar)
boarding house pensão *(f)*
boat barco
body corpo
boil *(v)* ferver
bolt *(of a lock)* ferrolho
bolt of lightning raio
book livro
border fronteira; *(as a tenant)* hóspede *(m)*
bore *(v)* aborrecer
bored with, to get aborrecer-se com
boring maçador
born nascido

borrow *(v)* pedir emprestado, arranjar
boss chefe *(m)*
both ambos/ambas
bother estorvo
bother *(v)* estorvar, incomodar
bothersome pesado
bottle garrafa
bottom fundo; **at the bottom** no fundo *(adv)*
box caixa; caixote *(m)*
boy menino
branch *(as of a tree)* ramo; *(as of a company)* filial *(f)*, sucursal *(f)*
brand marca
Brazil o Brasil
Brazilian brasileiro/brasileira
break down *(v)* desfazer
break into *(v)* *(as to pry open)* arrombar
break *(v)* partir(-se), quebrar
breakfast, to have tomar o pequeno almoço, *(Br)* tomar o café da manhã
breathing respiração *(f)*
breezy ventoso
bridge ponte *(f)*; **small bridge** pequena ponte
brief breve
briefcase pasta
briefly brevemente
bright luminoso, brilhante
bring *(v)* trazer
British britânico/britânica
broadcast emissão *(f)*
brochure prospe(c)to
brother irmão *(m)*
brother-in-law cunhado
brown castanho, marrom *(Br)*
bruise mágoa
brush escova
brush *(v)* escovar
build *(v)* construir
building edifício
bull touro
burn *(v)* queimar, arder
burned queimado
burst *(v)* *(as to pop)* rebentar
bus stop parada *(Br)*
bush arbusto
business assunto *(as matter)*; empresa, negócio

but mas; **but (rather)** senão
button botão *(m)*
buy *(v)* comprar
buyer comprador *(m)*
by por; **by (the)** pela/pelas *(f sg & pl)*; **by mistake** por engano; **by night** de noite
bypass desvio

C

cabin cabina, camarote *(m)*
cable cabo
calculate *(v)* calcular
call *(v) (by phone)* ligar
call *(v)* chamar
call to *(v) (as to beckon to)* acenar a
called, to be chamar-se
calm(ness) calma
calm *(adj)* calmo/calma, sossegado/sossegada, tranquilo/tranquila *(Br* tranqüilo/tranqüila)
calm *(v)* acalmar, serenar
calm down *(v)* acalmar-se
camera máquina fotográfica
can *(as packaging)* lata; **can of preserves** lata de conserva
Canada o Canadá
Canadian canadiano/canadiana *(Br* canadense)
cancel *(v)* cancelar
cancel the reservation *(v)* anular a reserva
candle vela
cane thicket canavial *(m)*, caniçal *(m)*
capable capaz, competente, hábil
capable of, to be ser capaz de
capital capital *(f)*
car carro
care cautela; cuidado
careful cuidadoso
careless descuidado
careless, to be descurar
care of, to take cuidar de
carry out *(v)* executar
carry *(v)* levar, carregar, trazer
cartridge cartucho
carving gravura
case caso; **in case of** no caso de

cash, to pay in pagar em dinheiro
cashier caixa
castle castelo
cat gato
catch *(v)* agarrar; apanhar
cause causa; motivo, razão *(f)*
cause, to causar
caution caução *(f)*, cautela
ceiling te(c)to
center centro
central central
ceramics cerâmica
certain certo
certain, to be estar certo
certainly certamente, com certeza *(adv)*
certainty certeza
certificate atestado, certificado
certification atestado
certify, to atestar, certificar
chain corrente *(f)*, cadeia
chair cadeira
chance *(as an occasion)* ocasião *(f)*
chance acaso; **by chance** por acaso *(adv)*
change mudança; *(as money)* troco; **change, small** dinheiro miúdo
change *(v)* mudar, alterar, cambiar
change, to give dar troco
change clothes *(v)* mudar de roupa
chapel capela
charcoal carvão *(m)*; **live coal** *(as an ember)* brasa
charmed encantado
charming encantador, simpático
cheap barato
cheat *(v)* enganar
cheater intrujão *(m)*
cheerful alegre
cheerfulness alegria
chestnut castanho
chewing-gum pastilha elástica
chicken frango
chief chefe *(m)*
child criança
choice escolha
choir coro
choose *(v)* escolher
chorus coro
cigar charuto
cigarette cigarro; **cigarette lighter** isqueiro

cigarillo cigarrilha
circular circular
circumstances circunstâncias *(f pl)*
city cidade *(f)*
claim reclamação *(f)*
class classe *(f)*
clean lavado/lavada, limpo/limpa
clean *(v)* limpar
clear claro *(adj)* **clear (sky)** (céu) limpo
clearance (sale) liquidação *(f)*
clerk empregado/empregada *(m/f)*
clever esperto
client cliente *(m)*, freguês *(m)*
climate clima *(m)*
climb up *(v)* subir
clock relógio
close *(v)* fechar
closed fechado
cloth pano, tecido
clothes roupa; traje *(m)*; **old clothes** roupa velha, trapo
clothes, to change mudar de roupa
clothing vestuário
cloudy coberto, nublado; **cloudy** *(as water)* turvo/turva
coal carvão *(m)*
coarse *(as unrefined)* vulgar
coast costa
coatrack cabide *(m)*
cockroach barata
coffee café *(m)*
coin moeda
cold frio
cold, to be ter frio
collect *(v)* cole(c)cionar
collection cole(c)ção *(f)*
color cor *(f)*; **colored** de cor, colorido; **multicolored** polícromo, multicolor
combine *(v)* combinar
come *(v)* vir; **Come in!** Entre!
come after *(v)* seguir
come apart *(v)* desfazer
come at the right time *(v)* vir a propósito
come back *(v)* regressar
come from *(v)* provir
come near *(v)* aproximar-se
comfort comodidade *(f)*
comfortable cómodo, confortável; **not very comfortable** pouco confortável; *(as at ease)* à vontade

comment *(v)* anotar
commitment compromisso
common comum; *(as ordinary, coarse)* vulgar
communciation comunicação *(f)*
communicate *(v)* comunicar
company companhia, empresa; **in the company of** em companhia de
compare *(v)* comparar
comparison comparação *(f)*
compass bússola
compel *(v)* obrigar
compensate *(v)* recompensar, inde(m)nizar
compensation recompensa, inde(m)nização *(f)*
competent competente
competition concurso
complain (about) *(v)* queixar-se (de)
complaint queixa
complaint, to file a reclamar
complete completo/completa
complete *(v)* acabar
completely completamente, totalmente *adv.*
compose *(v)* *(as to write)* redigir
conceal *(v)* ocultar
concede *(v)* conceder
concern oneself about *(v)* interessar-se (por); **to concern oneself with** ocupar-se de; **to be concerned about** preocupar-se com
concerning sobre
condition condição *(f)*; **in good physical condition** em boa condição física; **conditions** circunstâncias *(f pl)*
condolences pêsames *(m pl)*
condom preservativo
conduct comportamento
conductor condutor *(m)*
confide in *(v)* confiar em
confidence confiança
confident confiante
confirm *(v)* confirmar
conflict conflito
confuse *(v)* confundir
congratulate *(v)* felicitar
congratulations felicitações *(f pl)*, parabéns *(m pl)*
connect, to *(phone call)* ligar
connection ligação *(f)*; relação *(f)*
conscientious consciencioso

conscious consciente
consent *(v)* consentir
consequently portanto
conserve *(v)* conservar
consider (as) *(v)* considerar (como)
considerable considerável
consideration consideração *(f)*
consist of *(v)* constar de
constant constante
constitute *(v)* constituir
constitution constituição *(f)*
construct *(v)* construir
consulate consulado
consult *(v)* consultar
consume *(v)* consumir
consumption consumo
contact conta(c)to
contain *(v)* conter
container recipiente *(m)*
content (with) contente (com)
contents conteúdo
contest concurso
continue *(v)* continuar
contraband contrabando
contraceptive anticonceptivo
contract contrato
contrary contrário; **on the contrary** ao contrário, pelo contrário
control *(v)* controlar
convenient conveniente
conversation conversa
converse *(v)* conversar
convince *(v)* convencer
cook *(v)* cozinhar
cooked cozido, assado *(adj)*
cool drink refresco
copy cópia
cord corda, cordão *(m)*
cordial cordial
cordially cordialidade
corner canto
correct corre(c)to
correct *(v)* corrigir
correspondence correspondência
corrupt corru(p)to
cost custo; **total cost** preço total; **cost of admission** preço de entrada
cost *(v)* custar; *(as to be worth)* valer
costly dispendioso
cough *(v)* tossir
counsel *(v)* aconselhar
count (on) *(v)* contar (com)

country *(as a nation)* país *(m)*
countryside campo
course curso
court *(of justice)* tribunal *(m)*
courteous cortês
courtesy cortesia
courtyard pátio
cousin primo/prima *(m/f)*
cover (up) *(v)* tapar
cover *(v)* cobrir
cow vaca
crash choque *(m)*
crazy doido, louco
creative criativo
creator criador *(m)*
credit crédito; **to the credit of** a favor de
crew tripulação *(f)*
criticize *(v)* criticar
cross *(v)* atravessar
crossing cruzamento, passagem *(f)*, travessia
crowd multidão *(f)*
crowded apinhado
cry *(v)* chorar
cultural cultura
cup chávena, taça
curious curioso
current corrente *(adj)*; **draft, current of air** corrente de ar *(f)*
curtain cortina
curve curva
curve *(v)* curvar
cushion almofada
custom costume *(m)*
customary habitua, usual
customer freguês *(m)*, cliente *(m)*
customs (house) alfândega
cut *(v)* cortar
cutting cortante

D

damage dano, prejuízo
damage *(v)* danificar, prejudicar; **damaged** danificado
dance baile *(m)*, dança
danger perigo, risco
dangerous perigoso
dare to *(v)* atrever-se a, ousar

dark escuro/escura
date *(calendar day)* data
datum dado
daughter filha
day dia *(m)*; **another day** outro dia; **some other day** outro dia; **by day** de dia; **one's Saint's Day** dia do santo onomástico; **weekdays** nos dias úteis; **(on) weekdays** nos dias úteis
dead morto/morta *(m/f)*
deal with *(v)* tratar
death morte *(f)*
debate *(v)* discutir
debt dívida
deceive *(v)* enganar
decide *(v)* decidir
decision decisão *(f)*
declare *(v)* afirmar, declarar
decoration *(honor)* condecoração *(f)*
decrease *(v)* baixar, diminuir
deep profundo
defeat *(v)* vencer
defect defeito
defend *(v)* defender
definite definitivo *(adj)*
definitively definitivamente
degree grau *(m)*
delay adiamento
delay *(v)* adiar, demorar
delicate delicado
delicateness delicadeza
delicious rico
delight *(v)* agradar
delighted encantado
delightful encantador
deliver *(v)* entregar
deluxe de luxo
demand *(v)* exigir
demonstrate *(v)* demonstrar
demonstration manifestação *(f)*
dense denso
deny *(v)* negar, recusar
depart (for) *(v)* partir (para); **to depart (from)** partir (de)
department store grande armazém *(m)*
departure partida
deposit depósito
deposit *(v)* depositar
depth(s) fundo
descend *(v)* descer
describe *(v)* descrever

deserve *(v)* merecer
design desenho
design *(v)* desenhar
designation designação *(f)*
desire desejo, vontade *(f)*
desire *(v)* desejar
despairing desesperado
desperate desesperado
destination destino
destroy *(v)* destruir
detail detalhe *(m)*, pormenor *(m)*
detailed pormenorizado
determined determinado
determined, to be *(as resolute)* ser/estar decidido
detour desvio, rodeio
develop *(v)* desenvolver
development desenvolvimento
device diapositivo
diagnosis diagnóstico
diamond brilhante *(m)*
die *(v)* morrer
difference diferença
different diferente
difficult difícil
difficulty dificuldade *(f)*
dim *(v)* *(lights)* reduzir
diminish *(v)* diminuir
diminutive diminuto
direct dire(c)to
direction dire(c)ção *(f)*; **more detailed directions** indicações mais pormenorizadas
directions, to ask for pedir informações; **to give directions** dar indicações
director dire(c)tor/dire(c)tora *(m/f)*
dirt sujidade *(f)*
dirtiness sujidade *(f)*
dirty sujo; **dirty clothes** roupa suja
disadvantage desvantagem *(f)*
disagreeable desagradável
disappear, to desaparecer
disaster desastre *m*
discharge *(v)* descarregar
discontented descontente
discount desconto, redução *(f)*
discourteous descortês
discover *(v)* descobrir
discretion discrição; **at the discretion** à discrição
discuss *(v)* discutir
disgrace desgraça

dish prato
disillusioned desiludido/desiludida
disk disco
disorder desordem (f)
displeasure desgosto
disposed disposto
disposition disposição (f)
dispute disputa
dissatisfied descontente
distance distância
distant distante, afastado; longe (adv)
distinct distinto
distinguish (v) distinguir; **to distinguish oneself from** distinguir-se de; **distinguished** distinto
distribute (v) distribuir
distribution distribuição (f), repartição (f)
distrust (v) desconfiar de
disturb (v) estorvar, incomodar
disturbed agitado (as emotionally upset)
divide (v) dividir
division divisão (f)
dizziness vertigem (f)
dizzy com vertigens
dizzy, to be ter vertigens
do (v) fazer
doctor doutor (used in direct discourse) (m), médico
document documento
dog cão (m), cachorro (Br)
doll boneca
domicile domicílio
done, to have mandar fazer
donkey burro
door porta; **front door** porta da rua
dot ponto
double duplo
double (v) dobrar
doubt dúvida; **without a doubt, doubtless** sem dúvida
doubt (something) (v) duvidar de (alguma coisa)
doubtful duvidoso
dough massa
down there (lá) em baixo
down, to go descer
downwards para baixo
draft (v) (as a document) redigir
draft (of air) corrente de ar (f)
drain esgoto

drain (v) desaguar
draw up (v) (as a document) redigir
drawback desvantagem (f)
dream sonho
dream (v) sonhar
drenched encharcado
dress (v) vestir; **to get dressed** vestir-se; **well-dressed** elegante
drink (v) beber, tomar
drinkable potável
drip (v) pingar
drive (v) conduzir
driver motorista (m/f), condutor (m), chofer (m) (Br)
drop gota
drunk embriagado
drunk, to get embriagar-se
dry seco
dry cleaners tinturaria
dry (v) secar
due to por causa de
duration duração (f)
during durante (prep.)
duty dever (m); (as tariff) direitos, taxas (f pl)
duty, to pay pagar direitos
dye (one's hair) (v) pintar (o cabelo)

E

each cada; **each one** cada um/uma; **each time** cada vez
early cedo
earn (v) ganhar
earnings ganho
earth terra
ease, at à vontade
east leste (m), oriente (m)
easy fácil
eat (v) comer; **to not be able to eat** não poder comer
economize (v) poupar
edge beira, borda
edible comestível
education educação (f)
effect efeito; **in effect** com efeito
effective eficaz
effort esforço
effort, to make an esforçar-se
egg ovo

either . . . or ou . . . ou; **(n)either** também não
elect *(v)* eleger
election eleição *(f)*
electric elé(c)trico
elegant elegante
elevator ascensor *(m)*, elevador *(m)*
else de contrário *(adv)*
elsewhere noutro lado
embark *(v)* embarcar
embassy embaixada
ember brasa
embrace *(v)* abraçar
employ *(v)* empregar
employee empregado/empregada *(m/f)*
employment emprego
empty vazio/vazia; *(as vacant)* vago/vaga
en route no/a caminho
end fim *(m)*; **end** *(as tip)* ponta
end *(v)* acabar, terminar
endeavor *(v)* esforçar-se
endure *(v) (as to tolerate)* aguentar *(Br* agüentar)
engaged to someone, to get celebrar os esponsais com alguém
engagement *(as betrothal)* esponsais *(m pl)*
England Inglaterra
English(man/woman) inglês/inglesa
engraving gravura
enjoy *(v)* gozar; **to enjoy oneself** divertir-se
enjoyment gozo
enormous enorme
enough bastante, suficiente
enough, to be bastar
enter (into) *(v)* entrar (cm); **do not enter!** proibida a entrada!
entertain *(v)* divertir, entreter
entertaining divertido
entertainment divertimento
enthusiastic (about) entusiasmado (com)
entire inteiro/inteira, total
entirely inteiramente, totalmente, completamente *(adv)*
entrance entrada; **main entrance** entrada principal; **railway platform entrance (gate)** entrada do cais

environment meio ambiente *(m)*
epoch época
equal igual *(adj)*; **without equal, peerless** sem par
equally igualmente
equipment aparelho, equipamento
equivalent equivalente
erroneous errado
error erro
especially especialmente
essay ensaio
establish *(v)* estabelecer
estate fazenda
estimate *(v)* avaliar, apreciar
Europe Europa
European europeu/europeia *(Br* européia) *(m/f)*
event acontecimento, sucesso, caso; **in the event that** no caso de
eventually eventualmente
every week todas as semanas
everything tudo
every time cada vez
everywhere por toda a parte
evidently aparentemente, segundo parece *(adv)*
exact exa(c)to
exacting rigoroso
exactly exa(c)tamente
exactness exa(c)tidão *(f)*
exaggerated exagerado
exam(ination) exame *(m)*
examine *(v)* examinar
example exemplo; **for example** por exemplo
excellent excelente
except exce(p)to
exception exce(p)ção *(f)*
exchange *(currency)* câmbio; **exchange** *(as swap)* troca
exchange *(v)* cambiar; trocar
excursion excursão *(f)*; passeio
excuse desculpa, pretexto
excuse *(v)* desculpar
execute *(v)* executar
exercise exercício
exercise *(v)* exercer, excitar
exhausted esgotado, fatigado
exhausting fatigante
exigency exigência
exist *(v)* existir
exit saída

expect *(v)* esperar
expedite *(v)* expedir
expense custo; **expenses** despesas *(f pl)*
expensive caro, dispendioso
experience experiência; conhecimentos *(m pl)*
experienced experiente *(adj)*
expire *(v)* caducar
explain *(v)* explicar
explode *(v)* rebentar
exposition feira
expression expressão *(f)*
expressly expressamente
extend, to alongar, estender-se
extension extensão *(f)*
exterior exterior
extinguish *(v)* apagar; **to be(come) extinguished** apagar-se
extra extra, adicional
extraordinary extraordinário
eye olho
eyeglasses óculos *(m pl)*

F

fabric pano, tecido
fact fa(c)to; **in fact** de fa(c)to
factory fábrica
fainted desmaiado
fair *(as an exposition)* feira; justo/justa
faith fé *(f)*
faithful fiel
fall queda
fall *(v)* cair
false falso
family família
famous famoso/famosa, célebre
far longe *(adv)*
far away (off) afastado
fare passagem *(f)*
farewell adeus
farewell to, to say despedir-se de
farm quinta
farmer agricultor, camponês
fashion moda
fast rápido *(adj)*; **fast** *(said of a timepiece)* adiantado; **fast food** refeição rápida *(f)*
fast, to be estar adiantado

fasten *(v)* fixar
fastener (snap) mola
fasting em jejum
fat gordo/gorda
fat, to get engordar
father pai
fatherland pátria
faucet torneira
favor favor *(m)*
favor of, to be in ser a favor de
favorable favorável
fear medo, receio
fear *(v)* recear, temer
feast festa
fed up farto/farta
fee taxas
feel *(v)* sentir; **I don't feel good** sinto-me mal; **to feel at home** sentir-se à vontade
feeling *(as emotion)* sentimento
fellow countryman compatriota *(m)*
feminine feminino/feminina
fiancé/fiancée noivo/noiva
fight *(v)* brigar
fill *(v)* encher; **to fill with air** encher de ar; **to fill out (a form)** preencher (um impresso)
film filme *(m)*
filter filtro
filth sujidade *(f)*
filthiness sujidade *(f)*
filthy sujo
finally finalmente
find out (about) *(v)* informar-se (de)
find *(v)* achar, encontrar
fine fino
fine *(as a ticket)* multa
finish *(v)* acabar, terminar
fire fogo, incêndio; **fire alarm** sinal de alarme de incêndio *(m)*; **fire extinguisher** extintor de incêndios *(m)*
firehose mangueira de incêndio
firemen bombeiros *(m pl)*
fireworks fogo(s) de artifício
firm *(as a company)* firma
first primeiro/primeira *(adj & pron)*; **in first place** em primeiro lugar; **first-rate, first-class** de primeira ordem
first aid primeiros socorros; **first aid kit** farmácia portátil

first name prenome
fish peixe *(m)*
fish (with a line) *(v)* pescar (à linha)
fist punho
fit *(v)* ficar bem
fitting *(as suitable)* conveniente
fitting, to be convir
fix *(v)* *(as to repair, correct)* arranjar, consertar; *(as to fasten)* fixar
flame chama
flash flash *(m)*
flat plano *(adj)*, raso
flatland planicie *(f)*
flirtation namorico, flirt *(m)*
floor chão *(m)*
flower flor *(f)*
flower *(v)* florescer
flowerpot vaso
fly mosca
fly *(v)* voar, ir de avião
fold *(v)* dobrar
follow *(v)* seguir
follower adepto/adepta
following posterior *(adj)*; seguinte
food comida, alimentação *(f)*, alimento
foodstuffs comestíveis, géneros *(Br* gêneros) alimentícios *(m pl)*
foolish parvo, tolo
foot pé *(m)*
foot, to go on andar a pé, ir a pé
for para; por; **for (the)** pela/pelas *(f sg & pl)*; **for me** por mim; **for some time** durante algum tempo; **for that** para isso; **for that reason** por isso; **for the present** por enquanto *(adv)*; **for the time being** por enquanto *(adv)*; **for the time being** por enquanto *(adv)*; **for this reason** por este motivo
forbid *(v)* proibir
force força
foreign estrangeiro *(adj)*
foreigner estrangeiro/estrangeira *(m/f)*
forest floresta, selva; **virgin forest** floresta virgem
forever sempre
forget *(v)* esquecer; **to forget (about)** esquecer-se de
forgive *(v)* perdoar; **forgive me** peço desculpa

forgiveness desculpa
form forma; impresso
form *(v)* formar
format formato
formation formação *(f)*
formerly antigamente
formidable formidável
forward avante
forward *(v)* despachar, expedir; avançar
fountain fonte *(f)*
fourth quarto
fragile frágil
frail fraco
France França
fraud fraude
free gratuito; **(for) free** de graça, grátis; **free** *(as unoccupied)* livre; **free kick** *(in soccer)* lance livre *(m)*
free, to set soltar
freeze *(v)* gelar; congelar
freight carga, frete *(m)*
French(man/woman) francês/francesa
frequently frequentemente *(Br* freqüentemente)
fresh fresco
friend amigo/amiga
friend, to be a ser amigo/amiga
friendliness amabilidade *(f)*
friendly amável; **not very friendly** pouco amável
friendship amizade *(f)*
frighten *(v)* assustar; **frightened** assustado; **to get or be(come) frightened** ficar assustado, assustar-se
from de; desde; a partir de; **from before** dantes; **from the north** do norte
front frente; **at the front of** à frente de; **in front of** em frente de
front desk *(as of a hotel)* recepção *(f)*
frontier fronteira
fry *(v)* fritar
fulfill *(v)* cumprir; realizar
full cheio
fun graça
fun, to have divertir-se
function *(v)* funcionar
funny engraçado/engraçada
furious furioso

furious, to be(come) ficar furioso
furnish *(v) (as to supply)* fornecer; *(as an apartment, etc.)* mobilar
furniture, piece of móvel *(m)*
furthermore além disso, aliás
fury fúria
fuse *(as a circuit breaker)* fusível *(m)*
future futuro

G

gain ganho
game *(hunting)* caça; *(sports)* partida
garage garagem *(f)*
garbage lixo
garden jardim *(m)*
gas tank depósito
gas up *(v)* meter gasolina
gas(oline) gasolina
gash golpe *(m)*
gate(way) portão *(m)*
gather *(v)* colher
general geral
generally geralmente
gentle meigo
German alemão/alemã *(m/f)*
Germany Alemanha
get *(v)* conseguir
get along well *(v)* entender-se
get into (onto) *(v)* subir
get up *(v)* levantar-se
girl menina
give *(v)* dar
give back *(v)* devolver, restituir
glad alegre
gladly com muito gosto
glass vidro; *(for drinking)* copo
go *(v)* ir; andar; **to go by plane** ir de avião; **to go away** ir-se embora; **to go on foot** ir a pé; **to go get** ir buscar; **to go pick up** ir buscar; **to go see** ir ver; **to go traveling** ir viajar
go by/call at someone's house, to passar por/por casa de
go out, to *(as to leave)* sair; *(as a light, fire, etc.)* apagar-se
go up, to subir
goal *(soccer)* gole

God Deus; **Thank God!** Graças a Deus!
going, to get despachar-se
gone já passou *(adj)*
good bom *(adj)*
good-bye adeus, tchau *(Br)*
goodbye to, to say despedir-se de
goodwill boa vontade, bom grado
government governo
grab *(v)* agarrar
graceful elegante
gram grama *(Br)*
granddaughter neta
grandfather avô
grandiose grandioso
grandmother avó
grandson neto
grasp *(v)* agarrar
grass relva
grateful agradecido/agradecida, grato/grata
gratification gratificação *(f)*
gratify *(v)* gratificar
grating grade
gratis grátis, gratuito
gratitude agradecimento
grave *(as serious)* grave
great grande
Great Britain Grã-Bretanha
greatest o máximo
greatness grandeza
greet *(v)* cumprimentar
grief mágoa, pesar *(m)*
ground solo, terreno, chão; **ground floor** rés-do-chão *(m)*
group grupo
grow *(v)* crescer
guarantee garantia
guard guarda *(m)*
guard *(v)* guardar, vigiar
guess *(v)* adivinhar
guest convidado, hóspede *(m)*
guide(book) guia *(m)*
guide *(v)* guiar
guilt culpa
guilty (of), to be ter a culpa (de)
guitar violão, guitarra
gunpowder pólvora

H

habit costume (*m*), hábito
habitual habitual
haggle (*v*) regatear
hairpin gancho (para o cabelo)
half meio; metade (*f*)
hall corredor (*m*)
Halt! Alto!
hammer martelo
hand mão (*f*)
handbag carteira
handkerchief lenço
handmade feito à mão (*adj*)
handwriting escrita (*f*)
hang (*v*) pendurar
hang up (*a telephone*) (*v*) desligar
hanger cabide (*m*), cruzeta
happen (*v*) acontecer, suceder;
   What happened? Que aconteceu?,
   Que se passou?
happening acontecimento
happiness alegria, felicidade (*f*)
happy alegre, feliz; **happy with**
   contente (com)
happy (with), to be estar contente
   (com)
hard duro
hardly apenas
hardness dureza
harm dano
harm (*v*) prejudicar
harmful nocivo; **harmful to one's**
   health nocivo à saúde
harvest colheita
harvest (*v*) colher
haste pressa
hasten (*v*) apressar-se
hasty apressado
have (*v*) ter
have left over, to sobrar
have to (*v*) ter de (que)
he ele (*m sg subj pron & obj of prep*)
head chefe (*m*); **head of the**
   house dono da casa (*m*)
headlight farol (*m*)
health saúde (*f*); **good health** boa
   saúde
healthful saudável
healthy são; saudável
hear (*v*) ouvir
heart coração (*m*)

heat calor (*m*)
heat (*v*) aquecer, esquentar (*Br*)
heavens céu (*m*)
heavy pesado
height altura; auge (*m*)
Hello? Está lá?
help ajuda, apoio, socorro
help (someone) (*v*) ajudar (alguém)
her lhe (*m & f sg indir obj pron*);
   sua (*f sg poss adj*)
here aqui, cá; **(to) here, this way**
   para cá
herring arenque (*m*)
hers dela (*poss*), seu/sua (*m/f sg*
   poss adj)
hestitate (*v*) hesitar
Hi! Olá!
hide (*v*) esconder, ocultar
high alto/alta
highway estrada
hill colina; monte (*m*)
him lhe (*m & f sg indir obj pron*)
himself se (*sg refl pron*)
hinder (*v*) estorvar
hindrance estorvo
his del (*poss*); seu/sua (*m/f sg poss*
   adj)
hiss assobio
history história
hit golpe (*m*), pancada
hobby hobby (*m*)
hole buraco, furo
holiday dia de festa, feriado;
   holidays férias (*f pl*)
holy sagrado
home casa; **at home** em casa;
   country home casa de campo
honor honra
honoraria honorários (*m pl*)
hook gancho
hope (*v*) esperar
horrible horrível
hose mangueira
hospitality hospitalidade (*f*)
host/hostess anfitrião/anfitriã (*m/f*)
hostelry estalagem (*f*)
hot quente; (*as spicy*) picante
hot springs termas (*f pl*)
hotel hotel (*m*)
hour hora; **quarter of an hour**
   quarto de hora; **every two hours**
   de duas em duas horas; **business**
   or store hours horário de abertura

house casa, *(as a detached house)* vivenda; **furnished apartment or house** casa mobilada; **housing (accomodations)** alojamento
housewife dona da casa
how much? quanto?
however contudo; porém
hug *(v)* abraçar
huge enorme
human humano
humid (h)úmido
humor humor *(m)*
hundred cem, cento
hunger fome *(f)*
hungry, to be ter fome
hurl *(v)* lançar
hurried apressado
hurry pressa
hurry *(v)* apressar-se; **to be in a hurry** ter pressa
hurt *(as to ache) (v)* doer
husband esposo, marido
hush up *(v)* calar-se
hut cabana

I

I eu *(subj pron)*
ice gelo
ice cream gelado, sorvete
idea ideia *(Br* idéia*)*; **I haven't the faintest idea, I haven't a clue** não faço ideia
identification card bilhete de identidade; carteira de identidade *(Br)*
if se *(conj)*
ill doente
ill, to become adoecer
illuminated iluminado
immediate imediato
immediately imediatamente *adv*
impede *(v)* impedir
impolite indelicado
import in *(v)* importar em
importance importância
important importante
impossible impossível
impression impressão
improbable improvável
improve *(v)* melhorar, aperfeiçoar
imprudent imprudente

in em; dentro; **in a soft voice** em voz baixa; **in common** em comum *adv*; **in passing** de passagem; **in spite of** apesar de; **in that** em que; **in the Azores** nos Açores; **in the meantime** entanto; **in the open air** ao ar livre; **in third place** em terceiro lugar; **in this way** assim; **in which** em que
inadequate inadequado
incapable incapaz
incident incidente *(m)*
inclined disposto
include *(v)* incluir; **included** incluído/incluída
income renda
incomplete incompleto
inconstant inconstante
inconvenient inconveniente *(m)*
increase *(v)* acrescentar; aumentar
incredible incrível
indecent indecente
indecisive indeciso/indecisa
indeed com efeito; de fa(c)to
indelicate indelicado/indelicada
indemnify *(v)* inde(m)nizar
indemnity inde(m)nização *(f)*
indicate *(v)* indicar
indication indicação *(f)*, indício
indigenous indígena
indispensable indispensável
indisposed indisposto/indisposta
individual peculiar
inexact impreciso
inexpensive barato
inexperienced inexperiente
inferior inferior
inflammable inflamável
inform (someone) *(v)* informar (alguém)
information informação *(f)*
information, to ask for pedir informações
inhabitant habitante *(m)*
injure *(v)* danificar; **injured** danificado/danificada; ferido/ferida *(m/f)*
injury dano
injustice injustiça
inn estalagem *(f)*, pousada
innocent inocente
inquire (about) *(v)* informar-se (de)
insane louco
insect inse(c)to

insecure inseguro
inside (lá) dentro, dentro de
insignificant insignificante
insist on *(v)* insistir em
installation instalação *(f)*
instant instante *(m)*
instantaneous instantâneo/
  instantânea
instead of em lugar de; em vez de
instruction instrução *(f)*; **more
  detailed instructions** indicações
  mais pormenorizadas
insufficient insuficiente
insult ofensa
insult *(v)* insultar
insurance seguro
insure *(v)* segurar
intelligence inteligência
intelligent inteligente
intend *(v)* tencionar
intention intenção *(f)*
interest interesse *(m)*
interesting interessante
interior interior *(m)*; **in the interior
  (of the country)** no interior (do país)
intermediate medianeiro
internal interior *(m)*
international internacional
interrupt *(v)* interromper
interruption interrupção *(f)*
introduce *(v)* apresentar
introduction apresentação *(f)*
invalid inválido
invent *(v)* inventar
inverse inverso
investigate *(v)* investigar
invitation convite *(m)*
invite *(v)* convidar
invoice fa(c)tura, conta
irate irado
iron ferro; **(clothes) iron** ferro de
  engomar
irregular irregular
irritated with, to get irritar-se com
island ilha
isolated isolado
itch, itching comichão
itch *(v)* fazer comichão
item artigo
itinerary itinerário
its seu/sua *(m/f sg poss adj)*
itself se *(sg ref pron)*

J

jellyfish alforreca, medusa
jet jacto
jointly juntamente
joke piada, brincadeira, anedota,
  graça, gracejo
joke *(v)* brincar
joker embusteiro
judge *(v)* julgar
judgement, sound (good) juízo
jump *(v)* saltar
jungle selva
just justo/justa

K

keen agudo
keep *(as to remain with)* *(v)* ficar
  com; guardar *(as to put away)*
key chave *(f)*
kind amável, benévolo, carinhoso;
  not very kind pouco amável;
  kind *(as a type)* espécie *(f)*,
  gênero, variedade, tipo *(f)*
kindness amabilidade *(f)*
kiss beijo
kiss *(v)* beijar
kitchen cozinha
knapsack mochila
knock *(v)* bater; **to knock at the
  door** bater à porta
knot nó *(m)*
know *(v)* conhecer *(as to be
  acquainted with)*; saber *(as a fact)*
knowledge conhecimentos *(m pl)*

L

label *(v)* marcar
lack falta
lacking, to be faltar
lake lago *(m)*
lament *(v)* lamentar
lamp candeeiro, lâmpada
land terra
landlady dona
landlord dono
landscape paisagem *(f)*
language língua

large grande; grosso
last último/última *(m/f)* ; **at last**
por fim, finalmente; **in last place**
em último lugar
last *(v)* durar
lasting duradouro
latch fecho, ferrolho
late, to be atrasar-se
later logo *(adv)*
laugh *(v)* rir
law direito
lawn relva
lazy preguiçoso/preguiçosa
leading *(as main)* principal
leaf folha
lean magro/magra
learn *(v)* aprender
lease *(v)* alugar
least, the o menos; **at least** ao
menos, pelo menos; **at the least**
no mínimo
leather couro, cabedal *(m)*
leave *(v)* sair, ir-se embora;
deixar; **to leave (for)** partir
(para); **to leave (from)** partir (de)
left esquerdo; **to the left** à esquerda
left over, to be sobrar
lend *(v)* emprestar
length comprimento; *(as of time)*
duração *(f)*
lengthen *(v)* prolongar
less menor *(adj)*; menos
let, to *(as to allow)* deixar
letter carta; *(of the alphabet)* letra;
letter carrier carteiro/carteira
level raso
license licença; **license plate
number** número de placa, número
de matrícula *(Br)*
lie mentira
lie *(v) (as to tell an untruth)* mentir
lie down, to deitar-se
life vida
lift up *(v)* levantar
light luz *(f)*; *(weight)* leve *(adj)*;
(as color) claro
light *(v)* acender; **lighted** iluminado
lighthouse farol *(m)*
lightning relâmpago
like como; mesmo; tal
like *(v)* gostar de; **to like someone** gostar de alguém; **to like
more** *(as to prefer)* gostar mais de

likelihood probabilidade *(f)*
likely provável
limp mole
line *(as a row)* bicha, fila; *(as airline
or string)* linha
line, to stand in fazer bicha, fazer
fila *(Br)*
lining *(of a coat, etc.)* forro
liquid líquido
liquidation liquidação *(f)*
list lista
listen *(v)* escutar; **listen to someone, to** escutar alguém
little *(as small)* pequeno/pequena;
pouco; **a little** um bocado, um pouco
live vivo/viva; **live coal** *(as an
ember)* brasa
live *(v) (as to exist)* viver; *(as to
reside)* morar
living room sala (de estar)
loan *(v)* emprestar
lock fechadura, fecho
lock *(v)* fechar à chave
lodging alojamento
logical lógico
lonely só *(adj)*
long comprido, longo
longing for, to be estar desejando
look (at) *(v)* olhar *(m)*; **to look
around** olhar em volta
look for *(v)* procurar, buscar
look like *(v)* parecer-se com
loose largo/larga
loose, to let soltar
lose *(v)* perder
loss perda; *(of value, damages)*
prejuízo
lost and found department
se(c)ção de perdidos e achados *(f)*
lost, to be(come) perder-se
loud alto *(adj)*
loudspeaker alto-falante *(m)*
lovable amável
love amor *(m)*
love *(v)* amar
lovely lindo
loving carinhoso
low baixo
lower inferior *adj.*
lower *(v)* baixar
loyal leal
luck sorte *(f)*; **good luck!** boa sorte!
luxurious luxuoso

luxury luxo
lying down, to be estar deitado/deitada

M

machine máquina
made of, to be ser constituído por
magazine revista
magnificent magnífico
mail correio
mailman carteiro
mailbox, to drop in the deitar na caixa
main principal; **main entrance** entrada principal
make (v) fazer; (as to compel) obrigar; **to have made** mandar fazer
make up one's mind (v) decidir-se
makeup on, to put pintar-se
male masculino
man homem; **young man** rapaz
management dire(c)ção (f)
manifestation manifestação (f)
manner maneira, modo
map mapa (m), planta
margin margem (f)
mark marca
mark down (v) anotar
mark, to marcar
marriage casamento
married, to get casar-se; **married (to)** casado/casada (com); **married couple** casal (m)
marry (v) casar
marsh pântano
marvelous maravilhoso/maravilhosa
masculine masculino
mass (as church service) missa
match (for fire) fósforo; (as in sports) partida; partido; **box of matches** caixa de fósforos
match (as to go well with) (v) ficar bem
material material (m)
matter assunto
maximum máximo
me mim (obj of prep); **(to) me** me (dir & indir obj pron)
meadow prado

meal comida, refeição; **quick meal** refeição rápida (f); **during the meal** à refeição; **small meal** pequena refeição (f)
mean (v) querer dizer, significar
meaning significação (f), significado
means meio(s); **by means of** por meio de
meanwhile entretanto
measure medida
measure (v) medir
meat carne (f)
mechanism diapositivo
medicine remédio
Mediterranean Mediterrâneo
meet (v) (as to get together) reunir; encontrar; **to agree to meet** combinar encontrar-se
mend (v) remendar
menu ementa, lista, cardápio (Br)
merchandise mercadoria
merge into (v) (a street, road, etc.) desembocar
merit mérito
method método, maneira
methodical metódico/metódica
midday meio-dia (m)
middle meio
midnight meia-noite (f)
mild suave; brando; meigo
mine meu/minha (m/f sg poss adj or pron)
minimum mínimo
minor menor (m/f)
minute minuto
misfortune desgraça
misinterpret, to interpretar mal
Miss senhorita (Br)
miss (v) (as to feel the absence of) sentir a falta de; (as an engine falter) falhar
missing, to be faltar
mistake engano, erro, equívoco
mistake, to make a enganar-se, errar; **to make a mistake on the bill** enganar-se na conta
mistaken errado
mistaken, to be enganar-se; não ter razão
misunderstand, to entender mal; **misunderstood** mal-entendido/entendida
misuse abuso

mixed misto, misturado
mode modo
model modelo
moderate moderado
modern moderno
moment momento
money dinheiro; **money order** vale *(m)*
month mês *(m)*; **monthly** mensal, por mês *(adv)*
moon lua; **full moon** lua cheia; **honeymoon** lua de mel
more mais; **more or less** mais ou menos; **more than** mais (do) que
morning manhã *(f)*; **in the morning** de manhã
moron burro/burra
mosquito mosquito
most, at no máximo
mother mãe *(f)*
motherland pátria
motive motivo
mouth *(of a river)* foz *(f)*
move mudança; *(as in game)* jogada
move *(v)* mover; **to move (away)** mudar; **to move (to another house)** mudar de casa; **to move from** mudar de
moved *(as emotionally)* comovido
movement movimento
moving, to get despachar-se
Mr. senhor
Mrs. senhora
Mrs. (Lady) Senhora Dona
much muito
mud lama
muddy *(as water)* turvo/turva
music música
must *(v)* ter de, ter que, dever

N

nail prego *(for hammering)*; *(as of finger or toe)* unha
naked nu/nua
name nome *(m)*; **first name, given name, Christian name** nome de ba(p)tismo
name *(v)* *(as to appoint)* nomear
named, to be chamar-se

napkin guardanapo; **sanitary napkins** pensos higiénicos *(m pl)*
narrow estreito
nation nação *(f)*
native nativo, natural; **native of** natural de; **to be a native of** ser natural de; **native land** pátria
natural natural
naturally naturalmente
nature natureza
near perto *(adv)*; próximo/próxima *(adj)*; **near to** perto de; **very near** muito perto
nearly cerca de
nearness proximidade *(f)*
necessary necessário/necessária, preciso/precisa; **if necessary** em caso de necessidade
necessity precisão *(f)*; **in case of necessity** em caso de necessidade
necklace colar *(m)*
need falta, necessidade *(f)*
need *(v)* precisar de, necessitar (de)
needle agulha
negative negativo
negligent negligente
negotiation negociação *(f)*
neighbor vizinho/vizinha
neither nem; **me (n)either** eu também não, nem eu; **neither . . . nor** nem . . . nem
nephew sobrinho
nervous nervoso
net(work) rede *(f)*
never nunca, jamais
nevertheless contudo, no entanto
new novo/nova
news notícia, novidade *(f)*
newspaper jornal *(m)*
next próximo/próxima; **next-to-last** penúltimo/penúltima; **next to** junto de
nice simpático
niece sobrinha
night noite *(f)*; **nightfall, at** à tardinha
nippers alicate *(m)*
no não; **no one** ninguém; **no way** de maneira nenhuma
noise barulho, ruído
none nenhum
noon meio-dia *(m)*

normal normal, regular
normally normalmente
north norte *(m)*
northern do norte
not . . . but (rather) não . . . senão
not even nem sequer
note nota
note *(v)* notar
note down *(v)* anotar
note of (something), to take
  tomar nota de (alguma coisa)
notebook caderno
nothing nada; **think nothing of it**
  de nada; **nothing else (more)**
  mais nada
notice (something) *(v)* notar,
  tomar nota de (alguma coisa)
notion noção *(f)*
nourishing nutritivo
nourishment alimentação *(f)*,
  alimento
now agora, já, a(c)tualmente; **right**
  now agora mesmo; **now that** já que
nowhere em parte nenhuma
number número; **a large number**
  of um grande número de
number *(v)* numerar
numerous numeroso
nun freira, monja, religiosa
nurse enfermeira *(f)*
nutritious nutritivo/nutritiva

O

object obje(c)to
objective obje(c)tivo
obligation obrigação *(f)*
obligation or duty to, to have
  the ter o dever de
obliged to, to be ter obrigação de
obscure escuro/escura
observe *(v)* observar
obtain *(v)* conseguir, obter
occasion ocasião *(f)*
occasionally de vez em quando,
  ocasionalmente
occupy a (space, seat) *(v)* ocupar
  (um lugar); **occupied** ocupado/
  ocupada
occurrence acontecimento
ocean oceano

of de
of course com certeza *(adv)*, claro
  (adv), certamente, lógico *(Br)*,
  mas sim
offend *(v)* ofender
offense ofensa
offer *(v)* oferecer
office escritório; *(as of doctor)*
  consultório; *(governmental)*
  serviços *(m pl)*
official oficial
often muitas vezes, frequentemente
  (Br freqüentemente*)*
oil óleo; **fuel oil** óleo combustível
old velho/velha; antigo/antiga
on sobre; **on purpose** de propósito;
  on the way no/a caminho; **on**
  time a tempo; **on top of** por cima
  de, sobre, acima de; **on vacation**
  de férias
once uma vez; **once in a while**
  de vez em quando
one um *(m sg)*, uma *(f sg)*; **one and**
  a half um e meio; **one to one** um
  a um *(adv)*
oneself se *(sg ref pron)*; **by oneself**
  sozinho/sozinha
only só *(adv)*; único/única *(adj)*
onward avante
open *(v)* abrir
open onto *(v)* *(a street, road, etc.)*
  desembocar
opened aberto
operate *(v)* operar
opinion opinião; **in my opinion**
  na minha opinião
opinion (hold an) *(v)* opinar
opportune oportuno
opportunity oportunidade *(f)*
opposite oposto; em frente
  (as facing)
or ou
orchestra orquestra
order encomenda, pedido; ordem
  (f); **in order** em ordem; **to place**
  an order fazer uma encomenda
order *(v)* pedir, mandar
ordinary ordinário
organize *(v)* organizar
orient *(as the east)* oriente *(m)*
other outro; **to each other** um ao
  outro

otherwise de contrário, de outra forma, de outra maneira, de outro modo
ought to *(v)* dever
our nosso/nossa *(m/f poss adj)*
out (of) fora (de); **out of date** *(as out of style)* fora de moda; **out of order** avariado; **out of print** *(book)* esgotado
outdoors ao ar livre
outer exterior *(adj)*
out(side) fora *(adv, prep, & interj)*; de/por fora; na rua
outsider forasteiro/forasteira
outlying area periferia
outmoded fora de moda
oven forno
over sobre; acima de
over!, it's já passou!
overcast cerrado, coberto
overnight, to stay pernoitar
overseas ultramar *(m)*
owe *(v)* dever
own próprio
own *(v)* possuir
owner dono/dona, proprietário/proprietária; possuidor *(m)*; **owner of the restaurant** dono/dona do restaurante
ownership posse *(f)*; propriedade *(f)*

P

pace passo
pack *(as of cigarettes)* maço
pack *(v)* empacotar; **to pack one's suitcases** fazer as malas
package embrulho, pacote *(m)*
packaging embalagem *(f)*
page página
painful doloroso
paint *(v)* pintar
painting pintura, *(as a picture)* quadro
pair par *(m)*; **a pair of** um par de
palace palácio
pale pálido/pálida
pan panela, tacho
panorama panorama *(m)*
paper papel; **paper bag** saco de papel

paragraph parágrafo
parcel encomenda
pardon desculpa; **pardon!** desculpe!
pardon *(v)* perdoar
parents os pais *(m pl)*
park parque *(m)*
park *(v)* estacionar
part parte *(f)*; peça
part in, to take tomar parte (em)
participate (in) *(v)* participar (em)
participation participação *(f)*
particular particular
partner colega *(m)*
party festa; **party** *(as political)* partido
pass *(v)* passar; *(as a car)* ultrapassar
passage passagem *(f)*; trânsito
passenger passageiro
passport passaporte *(m)*
past passado; **in the past** no passado, antigamente
pasta *(as spaghetti, etc.)* massa
path senda
patience paciência
patient paciente
pavillion pavilhão
pay salário
pay *(v)* pagar; **to pay in cash** pagar em dinheiro
pay attention to, to tomar conta (de)
payment pagamento
peace paz *(f)*
peaceful sossegado, tranquilo *(Br* tranqüilo)
pear pêra
peasant camponês/camponesa
peculiar peculiar, singular
pedestrian peão *(m)*, pedestre *(m) (Br)*
peg *(as for a tent)* estaca
people gente *(f)*; **the people** o povo
per por
percent por cento
percentage percentagem *(f)*
perfect perfeito/perfeita
perfect *(v)* aperfeiçoar
perhaps talvez
periphery periferia
permission licença; permissão *(f)*
permit licença
permit *(v)* permitir; **permitted** permitido

person pessoa
personal privado; **personal data** dados pessoais *(m pl)*
personnel pessoal *(m)*
persuade *(v)* persuadir
pester *(v)* importunar
phone telefone
phone *(v)* telefonar, ligar *(Br)*
phonebook lista telefónica
photograph fotografia; **photo** foto *(f)*
photograph *(v)* fotografar
phrase frase *(f)*
pick up *(v) (as to take hold of)* pegar *(Br)*; **to go pickup** ir buscar
pick *(v)* colher
picture(s), to take (a) tirar (uma) fotografia(s)
piece pedaço, bocado; **a piece of bread** um pedaço de pão
pier molhe *(m)*
pillow almofada
pin alfinete *(m)*
pipe *(for smoking)* cachimbo
pity pena; **it's a pity** é (uma) pena
placard cartaz *(m)*
place lugar *(m)*, sítio; **in place of** em lugar de; **in first place** em primeiro lugar; **in last place** em último lugar
place *(v) (as to put)* pôr, colocar, botar *(Br)*
place, to take realizar-se
plain *(terrain)* planicie *(f)*
plan plano *(m)*; **plan** *(as a map)* planta; **map of the city** planta da cidade
plan *(v)* tencionar
plane avião; **to go by plane** ir de avião
plant planta
plaster gesso
plastic plástico
plate prato *(as eating utensil)*; **license plate** placa (do carro)
play *(v)* jogar *(as a game)*; brincar *(as to frolic)*; *(as an instrument)* tocar
plaza praça
pleasant agradável, ameno/amena
please se faz favor, por favor
please *(v)* agradar
pleased to, to be very ter muito prazer em

pleasing agradável
pleasure prazer *(m)*; **my pleasure** não tem de quê
plentiful abundante
pliers alicate *(m)*, pinças *(f pl)*
plug (up) *(v)* tapar; entupir; **plugged (up)** entupido/entupida
plumbing canalização *(f)*
pocket bolso, bolsa *(Br)*
point ponto; **the culminating point** o ponto culminante
poison veneno
poisonous venenoso/venenosa
pole estaca, vara
politics política
pool piscina
poor pobre
populace povo
porter carregador *(m)*
port porto
portfolio pasta
Portugal Portugal
Portuguese português/portuguesa *(m/f)*
position posição *(f)*
positive positivo
possess *(v)* possuir
possession posse *(f)*
possessor possuidor *(m)*
possibility possibilidade *(f)*
possible possível
possible, to become or make tornar possível
postage stamp selo
postcard postal *(m)*
poster cartaz *(m)*
postmark carimbo
postpone *(v)* adiar, prorrogar
postponement adiamento
pot tacho
potable potável
pottery cerâmica, louça de barro
powder pó *(m)*
power poder *(m)*; **power of attorney** procuração *(f)*
powerful poderoso
practical prático; **not very practical** pouco prático
practice prática
practice *(v)* praticar
praise *(v)* louvar, elogiar
pray *(v)* rezar
precise exa(c)to, preciso

precisely justamente
preciseness exa(c)tidão *(f)*
precision precisão *(f)*
prefer *(v)* preferir
preference preferência
pregnant grávida
prejudice prejuízo
prepare *(v)* preparar
prescription prescrição *(f)*
present *(as a gift)* presente *(m)*; **at present** a(c)tualmente
present (someone to someone else) *(v)* apresentar (alguém a alguém)
present, to be estar presente
presentation apresentação *(f)*
press a button *(v)* carregar num botão, apertar um botão *(Br)*
pretty belo/bela, bonito/bonita, lindo/linda
price preço; **total price** preço total; **price of admission** preço de entrada
prick *(v)* picar
priest padre
priority prioridade
private particular, peculiar, privado
probability probabilidade *(f)*
probable provável
probably provavelmente
procession procissão *(f)*
produce *(v)* produzir
product produto
profession profissão
profit ganho, lucro; **net profit** lucro líquido
profound profundo
prognosis prognóstico
program programa *(m)*
progress progresso
prohibit *(v)* proibir; **prohibited!** proibido!
prohibition proibição *(f)*
project proje(c)to
prolong *(v)* prolongar, alongar
promise promessa
promise *(v)* prometer
promote *(v)* promover
pronounce *(v)* pronunciar
pronunciation pronúncia
proof prova
proper próprio/própria *(as own)*; justo *(as right)*

proper, to be *(as to be fitting)* convir
property propriedade *(f)*; fazenda
proposal proposta
propose *(v)* propor
proprietor proprietário
prosecute *(v)* querelar
prospectus prospe(c)to
protect *(v)* proteger
protection prote(c)ção *(f)*; abrigo
protest protesta; reclamação *(f)*
protest *(v)* protestar; reclamar
prove *(v)* provar
provision provisão *(f)*
proximity proximidade *(f)*
proxy procuração *(f)*
prudent prudente
public público
publicity propaganda
pull *(v)* puxar
pull out (a tooth) *(v)* arrancar (um dente)
punctual pontual
punishment castigo
purchase compra
purchaser comprador *(m)*
purpose propósito; **on purpose** a propósito, de propósito; **to serve a purpose** vir a propósito
purse bolsa *(Br)*
push a button *(v)* carregar num botão
push *(v)* empurrar
put *(v)* pôr, colocar, botar *(Br)*
put off *(v)* adiar, prorrogar
put out *(v)* *(as a fire, etc.)* apagar

Q

qualified competente
quality qualidade *(f)*
quantity quantidade *(f)*
quarrel briga, disputa
quarrel *(v)* brigar, disputar
question pergunta
quickly depressa, rapidamente
quickness rapidez *(f)*
quiet calado, quieto, sossegado
quiet, to be(come) ficar calado, calar-se

R

rabies raiva
radio rádio *(f)*
rag trapo
rage fúria, raiva
railway platform gate entrada do cais
rain *(v)* chover
raise *(v)* criar
rape *(v)* violar, violentar
rapid rápido/rápida *(adj)*
rapidly rapidamente
rapidness rapidez *(f)*
rare raro *(adj)*
rash imprudente
rather senão
ray raio
reach *(v)* chegar, alcançar
read *(v)* ler
ready pronto/pronta
real real, verdadeiro/verdadeira
reality realidade *(f)*
realize *(v)* *(as to fulfill)* realizar
really deveras *(adv)*
reason motivo; **for this reason** por este motivo; **reason** *(faculty of thinking)* razão *(f)*
reasonable razoável
receipt recibo
receipt, to give a passar recibo
receive *(v)* receber
receiver recipiente *(m)*
recent recente
reception desk recepção *(f)*
recipient recipiente *(m)*
recognize *(v)* reconhecer
recollect *(v)* recordar-se
recommend *(v)* recomendar
recommendation recomendação *(f)*
record disco
record player gira-discos *(m)*, toca-discos *(m) (Br)*
recover *(v)* recuperar; **to recover (one's health)** restabelecer-se (a saúde)
rectify *(v)* re(c)tificar
reduce *(v)* reduzir
reduction redução *(f)*
reed thicket canavial *(m)*, caniçal *(m)*

refer to *(v)* referir-se a
refreshment refresco
refuse *(v)* recusar-se
region região *(f)*
register *(v)* inscrever
regret desgosto
regular regular
regulation disposição *(f)*
rehearsal *(theatrical)* ensaio
reimburse *(v)* reembolsar
reject *(v)* rejeitar
relating to relativo a
relation relação *(f)*
relative *(as a relation)* parente
relax repousar
relaxation repouso
remain *(v)* ficar
remainder resto
remaining restante
remedy remédio
remember *(v)* lembrar-se (de), recordar-se
remind *(v)* lembrar; **to remind someone of something** lembrar alguma coisa a alguém
remote afastado/afastada, remoto/remota
remove *(v)* tirar
renew *(v)* renovar
renovate *(v)* renovar
renowned célebre
rent aluguer, aluguel *(m) (Br)*, renda
rent *(v)* arrendar, alugar
repair conserto, reparação *(f)*
repair *(v)* consertar, remendar, reparar
reparation reparação *(f)*
repay *(v)* recompensar, reembolsar
repayment recompensa
repeat *(v)* repetir
replace *(v)* substituir
reply resposta
reply *(v)* responder, replicar
report relatório; relato
report *(v)* *(as a crime)* participar
representation representação *(f)*
request pedido
require *(v)* exigir
rescue *(v)* salvar
resemble *(v)* parecer-se com
reserve *(v)* reservar
reside *(v)* morar

residence residência, domicílio
resistent resistente
resolute determinado
resolute, to be ser/estar decidido
resolution resolução *(f)*
resolve *(v)* resolver
resolve a matter *(v)* resolver um
  assunto
respect respeito
respective respectivo
respiration respiração *(f)*
respond (to) *(v)* responder (a)
responsible responsável
rest descanso, repouso; *(as remainder)* resto
rest *(v)* descansar, repousar
restaurant restaurante *(m)*
restless inquieto, agitado
result resultado
result from *(v)* provir
return regresso
return *(v)* *(as to come back)* voltar,
  tornar, regressar; *(as to give back)*
  devolver; **to return (by car)** voltar
  (de carro)
reunite *(v)* reunir
revenue renda
reversed inverso
review revista
revue *(theatrical)* revista
rich rico
richness riqueza
ride *(v)* *(as a horse, etc.)* montar
ridiculous ridículo/ridícula
right direito *(adj)*; **to the right** à
  direita
right, to be ter razão; **to make
  right** re(c)tificar
rightly justamente
rigorous rigoroso/rigorosa
ring *(for the finger)* anel *(m)*
ring the bell *(v)* tocar a campainha
rip *(v)* rasgar
ripe maduro
risk risco
river rio
road caminho, estrada
roast assado *(m)*
roast *(v)* assar; **roasted** assado *(adj)*
rob *(v)* roubar
rock rocha
rocky cliff rochedo

rod vara
room quarto; **large room**; **living
  room** sala
rooster galo
rope corda
rotten podre
round redondo
round of drinks rodada
roundabout way rodeio
route traje(c)to
row *(as a line)* fila
royal real
ruin *(v)* estragar
run *(v)* correr
runway *(airport)* pista

S

sack saco
sacred sagrado
sad triste
safe seguro/segura
safe, to make segurar
safety segurança
saint(ly) santo/santa
salary ordenado, salário
sale venda; **it's for sale** está à venda
same mesmo; **the same** o
  mesmo; **at the same time** ao
  mesmo tempo *(adv)*
sample amostra
sanitary napkins pensos higiénicos *(m pl)*
satisfied with, to be ficar satisfeito
  com; **satisfied (with)** satisfeito/
  satisfeita (com)
sauce molho
savage selvagem
save *(v)* poupar *(as money)*; *(as to
  rescue)* salvar
say *(v)* dizer
scales balança
scarce raro/rara
scarcely apenas
scare *(v)* assustar
scared, to get assustar-se
scenery paisagem *(f)*
schedule lista
school escola
scissors tesoura

scold *(v)* ralhar
scorpion escorpião
scrupulous escrupuloso
sculpture escultura
sea mar *(m)*
sea gull gaivota
search for *(v)* procurar
seaside resort estação balnear *(f)*
season (of the year) estação (do ano) *(f)*; **out of season** fora da estação
seat assento
seated, to be estar sentado; **seated** sentado
sea urchins ouriço-do-mar
seaweed algas *(f pl)*
second segundo; **in second place** em segundo lugar
secret segredo
secretly em segredo *(adv)*
secret secreto/secreta *(adj)*
security segurança; **security deposit** fiança, penhor *(m)*
see *(v)* ver; **to see again** tornar a ver; **see you later** até logo, adeus, tchau *(Br)*
seem *(v)* parecer
seldom raras vezes
self-service auto-serviço, self-service *(m)*
sell *(v)* vender
send *(v)* enviar, mandar, expedir; **to send away** mandar embora; **to send for** mandar buscar; **to send off** despachar
sense sentido *(as feeling)*; significado *(as meaning)*; **good sense** juízo
sensible sensato
sensitive sensível
sentence frase *(f)*
sentiment sentimento
separate *(v)* separar; **separate** separado
serious sério/séria, grave
sermon sermão *(m)*
serpent serpente *(f)*
serve *(v)* servir
service serviço
set aparelho
settle (a matter) *(v)* resolver (um assunto)
severe severo/severa

sex sexo
shade sombra
shadow sombra
shame vergonha; pena; **what a shame!** Que pena!
shameless descarado/descarada
shape forma; **in good physical shape** em boa condição física
shape *(v)* formar
share (with someone) *(v)* compartilhar (com alguém); repartir (com alguém)
sharp afiado; agudo
sharpened afiado
shave *(v)* barbear, fazer a barba
she ela *(f sg subj pron & obj of prep)*
sheep ovelha
shelter abrigo
shelter to, to give recolher
shine *(v)* brilhar
shining brilhante, luminoso/luminosa
shipping carga, frete *(m)*
shock choque *(m)*
shoe sapato
shoelace atacador *(m)*
shop *(v)* fazer compras
shopping, to go fazer compras
shore beira, costa, margem *(f)*
short baixo/baixa *(as in stature)*, *(as in length)* breve, curto/curta; **short time ago** há pouco; **short-term** a curto prazo
shortcut atalho
shortly em breve *(adv)*
shot tiro
shout *(v)* gritar
shove *(v)* empurrar
show *(v)* mostrar
showcase montra, vitrina *(Br)*
showy luxuoso/luxuosa
shut up *(v)* calar-se
shutter *(of a camera)* obturador *(m)*
shy tímido
sick doente
sickly inválido
sick of *(as fed up)* farto/farta, aborrecido/aborrecida
sick, to become adoecer
side lado; **along side of** ao lado de; **from the other side (of)** do outro lado (de)

side order *(as food)* acompanhamento
sight *(as vision)* vista
sign marca, sinal *(m)*
sign *(v)* assinar
signal sinal *(m)*
signature assinatura
significance significação *(f)*
signify *(v)* significar
silence silêncio
silly tolo
similar semelhante
simple simples
since desde *(prep)*; desde que *(conj)*; já que; **since then** desde então; **since when?** desde quando?
sing *(v)* cantar
single *(as unmarried)* solteiro/solteira
singular singular
sister irmã *(f)*
sister-in-law cunhada
sit down *(v)* sentar-se
situation situação *(f)*
size tamanho, número
skillful hábil
skin pele *(f)*
sky céu *(m)*
skyscraper arranha-céus *(m)*
sleep sono
sleep *(v)* dormir
sleepy, to be ter sono
slender delgado/delgada
slice fatia
slippery escorregadio/escorregadia
slow devagar *(adv)*, lento
slowly devagar
small pequeno/pequena
smart esperto/esperta
smell cheiro
smell (bad) *(v)* cheirar (mal)
smoke fumo
smoke *(v)* fumar
smooth liso, macio, suave
smuggle *(v)* fazer contrabando
smuggling contrabando
snack merenda
snack bar snack-bar *(m)*, lanchonete *(f)* *(Br)*
snake cobra, serpente *(f)*
sneeze *(v)* espirrar
sniff *(v)* cheirar
snore *(v)* ressonar

snow *(v)* nevar
so assim; pois
soaked encharcado
society sociedade *(f)*
soft macio, mole, suave
sojourn estada
sold out esgotado
solely só
solemn solene
solid sólido
solitary solitário
solve, to resolver
some alguns/algumas *(m/f pl)*
somebody alguém
someone alguém
something algo, alguma coisa
somewhere algures
son filho
song canção *(f)*, canto
soon logo *(adv)*; **as soon as possible** quanto antes
sore mágoa
sorrow pesar *(m)*, mágoa
sort *(as a kind)* espécie *(f)*, variedade *(f)*, tipo
sound som *(m)*
sour ácido, azedo
south sul *(m)*; **(to the) south of** ao sul de
southern do sul
souvenir lembrança
space espaço; lugar
Spain Espanha
Spaniard espanhol/espanhola *(m/f)*
Spanish espanhol/espanhola *(m/f)*
spark faísca
spark plug vela
speak *(v)* falar; **to speak loud(ly)** falar alto; **to speak softly** falar baixo, falar em voz baixa; **to go speak to someone** dirigir-se a alguém
special especial
specially especialmente
spectator espe(c)tador *(m)*
speech oração *(f)*
speed velocidade *(f)*
spell *(v)* soletrar; **to spell out** dizer as letras
spend *(as time)* *(v)* passar; *(as money)* gastar
spicy picante

spite, in of that apesar disso
splendid esplêndido
split *(as to tear)* *(v)* rasgar-se
spoil *(as to go bad)* *(v)* estragar
spoiled estragado/estragada
sport desporto, esporte *(m)* *(Br)*
spot *(as a stain)* nódoa; **spot** *(as place)* sítio, lugar
spread (out) *(v)* estender-se
spring *(water)* fonte *(f)*, nascente *(f)*, poço
springs, hot termas *(f pl)*
square quadrado
square *(as a plaza)* praça
stable estável
stain mancha, nódoa
staircase, stairs escada *(f)*
stamp *(postage)* selo
stamp *(v)* marcar
stand *(v)* *(as to be upright)* pôr de pé; *(as to tolerate)* aguentar *(Br* agüentar*)*
standing, to be estar em pé
star estrela
start *(v)* pôr em marcha
state estado; **the State** o Estado
stateroom camarote *(m)*
station estação *(f)*
stay estada
stay *(v)* ficar
steady estável
steal *(v)* roubar
steep escarpado, íngreme
step passo; *(as on a staircase)* degrau *(m)*
stick vara
still *(as yet)* ainda; *(as quiet)* quieto
sting *(v)* *(insect)* picar
stone pedra
stony pedregoso
Stop! Alto!
stop *(for public transportation)* paragem *(f)*, parada *(Br)*
stop *(v)* parar, impedir
stopped, to be ficar parado
stopped up entupido
store loja, armazém *(m)*
store window montra, vitrina *(Br)*
storm tempestade *(f)*
story história
stove fogão
straight direito/direita; **to continue straight ahead** seguir a direito

strange estranho
stranger forasteiro/forasteira
strap correia
street rua; **in the street** na rua
strength força
strike . . . *(v)* *(a clock)* dar horas
strike *(v)* bater
string corda, cordão *(m)*, cordel *(m)*, fio
stroll passeio
stroll *(v)* passear
strong forte
study *(v)* estudar
stuffed *(as full)* farto/farta
stupid estúpido/estúpida, parvo/parva, burro/burra
style moda; modo
subject assunto
subsequent seguinte, posterior
substitute *(v)* substituir
suburbs subúrbios *(m pl)*
subway metro, passagem subterrânea *(f)*
succeed *(v)* suceder
success êxito, sucesso
such tal
suddenly de repente
sue *(v)* querelar
suffice *(v)* bastar
sufficient suficiente, bastante
suggestion sugestão *(f)*
suit one's purpose *(v)* vir a propósito
suit *(v)* ficar bem
suitable conveniente
suitable, to be convir
suitcase mala
sum soma
summit cume, auge *(m)*, cima, cimo
sun sol *(m)*
sunburned bronzeado/bronzeada
sunglasses óculos de sol *(m pl)*
sunny soalheiro; **very sunny** cheio de sol
sunrise nascer-do-sol; **at sunrise** ao nascer-do-sol
sunset pôr-do-sol
superfluous supérfluo/supérflua
supplemental, supplementary suplementar
supply provisão *(f)*
supply with *(v)* abastecer de

supply *(v)* fornecer; **well-supplied** abastado
support apoio
support *(v)* apoiar, suportar
supporter adepto/adepta, partidário/ partidária
suppose *(v)* supor
supposition suposição *(f)*
sure seguro, certo, confiante
sure, to be estar certo
surfboard prancha
surprise *(v)* surpreender; **surprised** surpreendido *(adj)*; **to be surprised at** admirar-se (de)
surroundings ambiente *(m)*
suspicion suspeita
swallow *(as gulp)* trago
swamp pântano
swap *(v)* trocar
sweat *(v)* suar
sweet doce
sweetheart querido/querida
swim *(v)* nadar
swimming pool piscina
swindle vigarice *(f)*
swindler intrujão *(m)*
Swiss suíço/suíça *(m/f)*
switch interruptor *(m)*
switch off *(v)* apagar
Switzerland Suíça
swollen inchado/inchada

T

table mesa; **at the table** à mesa
take out *(v)* *(as to withdraw)* tirar
take care (of), to tomar conta (de)
take home (by car) *(v)* levar a casa (de carro)
take into account, to tomar conta (de)
take long *(v)* demorar-se
take note (of something) *(v)* tomar nota (de alguma coisa)
take *(v)* levar, tomar
talk *(v)* falar; **to talk loud(ly)** falar alto; **to talk softly** falar baixo, falar em voz baixa
tall alto/alta *(adj)*
tanned bronzeado
tap *(as a faucet)* torneira

tape fita
tariff taxa
tart ácido, azedo *(adj)*
taste gosto
tax imposto, taxa
taxi táxi *(m)*
teach *(v)* ensinar
team equipa, equipe *(f)* *(Br)*, time *(m)* *(Br)*
tear *(v)* *(as to rip)* rasgar
telephone *see under* phone
tell *(v)* dizer
temporarily temporariamente
temporary provisório
tender tenro; **tender meat** carne tenra; *(as loving)* meigo/meiga, terno/terna
term prazo
terrible terrível
testimony testemunho
than (do) que
thank *(v)* agradecer; **to express one's thanks** agradecer
Thank God! Graças a Deus!
thankful agradecido, grato
thanks agradecimento
that isso, aquilo *(neut dem pron)*; **that** que *(conj)*; **that (one)** esse/essa, aquele/aquela *(m/f sg dem pron & adj)*
the os/as *(m/f pl def art)*
their seu/sua *(m/f sg poss adj)*; **theirs** deles/delas *(m/f pl poss)*; seu/sua *(m/f sg poss adj)*
them lhes *(m & f pl indir obj pron)*; os/as *(m/f dir obj pron)*; **themselves** se *(pl ref pron)*
then então; pois
there aí, ali, lá, para lá; **there is (are)** há
therefore portanto *(adv)*
they eles/elas *(m/f pl subj pron & obj of prep)*
thick denso/densa
thin delgado/delgada, magro/magra
thin or skinny, to grow or become emagrecer
thing coisa
think *(v)* pensar; **think nothing of it** não tem de quê
third terceiro/terceira; **a third** um terço

thirst sede *(f)*
thirsty, to be ter sede
this isto *(neut dem pron)*; **this (one)** este/esta *(m/f sg poss adj & pron)*
though ainda que *(adv. conj)*
thought pensamento
thread fio, linha, cordão *(m)*, cordel *(m)*
through através de; por; **through the** pelo/pelos/pela/pelas
throw lance *(m)*
throw *(v)* atirar, lançar
thunder trovoada
thus assim
ticket bilhete *(m)*; **ticket** *(as a fine)* multa; **ticket stub** talão *(m)*; **ticket window or counter** bilheteira, bilheteria *(Br)*; guiché *(Br guichê) (m)*
tie *(v)* atar, ligar
tight estreito
time tempo; *(as an occurrence)* vez *(f)*, altura; **for some time** durante algum tempo; **each time**, **every time** cada vez
timely oportuno
timid tímido
tint (one's hair) *(v)* pintar (o cabelo)
tiny diminuto
tip ponta; **tip** *(as a gratuity)* gorjeta, gratificação *(f)*
tip *(v)* *(as to leave a gratuity)* dar (uma) gorjeta, gratificar
tired cansado, fatigado; **tired of** aborrecido
tired, to be estar cansado/cansada; **to get tired of** aborrecer-se com, estar farto/farta de
tiresome maçador
title designação *(f)*
to a *(prep)*; **to Oporto** ao Porto, para o Porto; **to Portugal** a Portugal, para Portugal; **to the north of** ao norte de
toast torrada; *(as a celebration)* brinde *(m)*
tobacco tabaco, fumo *(Br)*
today hoje
together juntamente; juntos/juntas
toilet retrete *(f)*; **toilet paper** papel higiénico *(Br higiênico) (m)*

tomorrow amanhã; **tomorrow afternoon** amanhã à tarde; **tomorrow morning** amanhã de manhã
tone tom *(m)*
tongs tenazes *(f pl)*
tongue língua
tonight esta noite
too demasiado *(before an adj)*
too much (many) de mais
top cima, cume *(m)*, cimo; **on top (of)** em cima (de)
topic assunto
toss *(v)* lançar
total total
totally totalmente
touch *(v)* tocar
tough duro
toughness dureza
tour excursão *(f)*; **tour group** grupo de turistas
tourist turista *(m/f)*; **Tourist Center** o Turismo
town cidade; **small town** vila
toy brinquedo
track *(as footprint)* rasto
trade troca
trade *(v)* trocar
traditional tradicional, típico/típica
traffic trânsito, tráfego
train *(v)* exercitar
tranquil tranquilo/tranquila *(Br tranqüilo/tranqüila)*
transfer *(v)* transferir
translate *(v)* traduzir
transmissible transmissível
transmit *(v)* transmitir
transport *(v)* transportar
trash lixo; **trash can (container)** contentor do lixo *(m)*
travel viagem *(f)*
travel *(v)* viajar; **to travel by plane** ir de avião
traveler viajante *(m/f)*
traveling, to go ir viajar
treatment tratamento
tree árvore *(f)*
trickster embusteiro
trip viagem *(f)*; **return trip** viagem de regresso; **during the trip** durante a viagem

troublesome importuno
true verdadeiro, real; **Isn't that so (true)?** Não é verdade?
truly deveras *(adv)*
trust confiança
trust in *(v)* confiar em
trustworthy de confiança
truth verdade *(f)*
truth, to tell the para dizer a verdade *adv*
try *(v)* provar, tentar, experimentar
try to *(v)* tratar de
tube tubo; **tube** *(toothpaste)* bisnaga
tune *(v)* afinar
tunnel túnel *(m)*
turn *(v)* virar; **to turn to the left** virar à esquerda; **to turn to the right** virar à direita; **turn upside down, to** virar
turn in *(v)* *(as to hand over)* entregar
turn on *(v)* *(as a light, etc.)* abrir, acender, ligar; **to turn on/off the light** acender/apagar a luz
turn(ing) volta
turn into *(v)* *(as to become)* tornar-se
twice duas vezes
twine fio
type *(as a kind)* espécie *(f)*, tipo, gênero
typical típico/típica

U

ugly feio
umbrella guarda-chuva *(m)*
unavoidable inevitável
unbearable insuportável
uncertain incerto; inseguro
uncle tio
uncomfortable incómodo/incómoda
uncommon invulgar
uncover *(v)* descobrir
under por baixo de, debaixo de; sob
underneath abaixo de; por baixo de; debaixo de
understand *(v)* compreender, entender; **to understand each other** entender-se
understanding acordo

understanding, to reach an chegar a acordo
underwear roupa interior
undesirable indesejável
undetermined indeterminado
undo *(v)* desfazer
undress, to *(v)* despir; **to get undressed** despir-se
uneasy, to be inquietar-se
unemployed desempregado
unexpected inesperado
unfavorable desfavorável
unfortunately infelizmente
ungrateful ingrato
unhappiness infelicidade *(f)*
unhappy infeliz
unify *(v)* unificar
unimportant sem importância
union aliança
unique único/única
unite *(v)* unir
the United States os Estados Unidos
unjust injusto/injusta
unknown desconhecido
unlikely improvável
unload *(v)* descarregar
unnecessary desnecessário
unoccupied vago
unpleasant desagradável
unsuitable inconveniente *(m)*
untame silvestre
until até; **until now** até agora
unusual invulgar
unwillingly de má vontade
upwards para cima
urgent urgente
us nos *(m & f dir & indir obj pron)*
use uso
use *(v)* usar
use up *(v)* gastar
used to, to get acostumar-se a; aclimatar-se a
useful útil
useless inútil
usual usual
utilization utilização *(f)*
utilize *(v)* utilizar

V

vacant livre; vago/vaga
vacation férias *(f pl)*
vain, in em vão
valid válido/válida
valid, to be ser válido/válida
validity validade *(f)*
valley vale *(m)*
valuables os obje(c)tos de valor *(m pl)*
value valor *(m)*
variable variável
varied variado
vase vaso
velocity velocidade *(f)*
vending machine distribuidor automático *(m)*
ventilate *(v)* ventilar
verify *(v)* verificar
vestige vestígio
victim vítima
view *(as a scene)* vista
village aldeia, povoação *(f)*
vineyard vinha
violate *(v)* violar
visible visível
vision *(as sight)* vista
visit visita
visit *(v)* visitar
Visitor's Center o Turismo
voice voz *(f)*
volt volt, vóltio
volume volume *(m)*
vote, to votar
voyage viagem *(f)*

W

wager aposta
wager *(v)* apostar
wages salário
wait (for) *(v)* esperar
wake up *(v)* acordar, despertar
walk passeio, andar
walk *(v)* andar, caminhar; **to take a walk, go for a walk** dar um passeio, passear
wall parede *(f)*
wallet carteira

want *(v)* querer
war guerra
warehouse armazém *(m)*
warm quente
warm up *(v)* aquecer, esquentar *(Br)*
warn (of, about) *(v)* avisar (de)
warranty garantia
wash *(v)* lavar
washed lavado
wasp vespa
waste *(v)* gastar; **to go to waste** estragar-se; **wasted** estragado
wastebasket cesto
watch relógio
watch (over) *(v)* vigiar
water água
watt vátio, watt *(m)*
wave to *(v)* acenar a
way *(as the path)* caminho; maneira, modo; **no way** de modo nenhum
way out *(as exit)* saída
we a gente, nós *(subj pron & obj of prep)*
weak fraco
weakness fraqueza
wealth riqueza
wealthy rico
weather tempo; **with this weather** com este tempo
wedding casamento, boda; **wedding-ring** aliança
week semana; **weekly** semanal
weekdays nos dias úteis; **(on) weekdays** nos dias úteis
weight peso
welcome bem-vindo/bem-vinda
well (1) bem *(adv)*; **(2)** *(water)* poço
well-being bem-estar *(m)*
west oeste *(m)*, ocidente *(m)*; **western** do oeste, ocidental
wet molhado/molhada
what? como?; **what?** (o) quê?; **what . . . ?** que . . . ?; **what kind of . . .** que espécie de . . . ?
whatever quanto
when quando; **since when?** desde quando?
whenever cada vez
wherever a qualquer parte
whether se *(conj)*
which que

whichever qualquer
while enquanto *(conj)*
whistle apito; assobio
who quem
whoever qualquer
whole inteiro; **whole amount** soma global
wholesale por grosso
why? porquê?
wide largo/larga
wife esposa, mulher
wild selvagem, silvestre
will vontade *(f)*
willingly de bom grado
win *(v)* ganhar
windowpane vidraça
windy ventoso
wire arame *(m)*
wish desejo, vontade *(f)*
wish *(v)* desejar, querer
with com
withdraw *(v)* retirar-se
within dentro (de); **within a week** dentro de uma semana
without sem; **without commitment** sem compromisso; **without respect** sem respeito
witness testemunha
woman mulher; **young woman** rapariga, moça
wonderful maravilhoso
wood madeira
woods bosque *(m)*
word palavra
work trabalho
work *(v)* trabalhar
worker trabalhador
world mundo
worm verme *(m)*
worried preocupado
worry *(v)* inquietar-se
worry about *(v)* preocupar-se com
worse pior; **the worst** o pior
worth valor; mérito
worth (a lot), to be valer (muito)
worthless sem valor; sem validade
wounded ferido/ferida *(m/f)*
wrap (up) *(v)* embrulhar
write, to escrever
writing, in por escrito
written escrito/escrita
wrong errado; mal *(adv)*

wrong, to be enganar-se, não ter razão
wrong to, to do fazer mal a
wrong way em sentido contrário

Y

yawn *(v)* bocejar
year ano; **by year** por ano *(adv)*; **yearly** anual; anualmente, por ano *(adv)*
yell *(v)* gritar
yes sim
yet ainda; **not yet** ainda não; contudo; porém
you tu *(fam sg subj pron)*; **(to) you** você/vocês *(sg & pl s-for pers pron)*; **(to) you** lhe/lhes *(m/f sg/pl indir obj pron for & s-for)*; te *(fam sg dir obj pron)*; **(to) you** te *(fam sg indir obj pron)*; ti *(fam obj of prep)*
young jovem *(m/f)*, novo/nova
your(s) seu/sua *(m/f sg for & s-for poss adj)*; teu/tua *(m/f sg fam poss adj)*; vosso/vossa *(m/f fam pl poss adj)*
yourself se *(sg for & s-for ref pron)*; te *(sg fam ref pron)*; **yourselves** se *(pl for & s-for ref pron)*
youth juventude *(f)*

PORTUGUESE–ENGLISH DICTIONARY

A

a to; **ao Porto** to Oporto; **a Portugal** to Portugal

à/às at; **à uma** at one o'clock; **às duas** at two o'clock

abaixo de beneath, underneath

abastado well-supplied, well-furnished

abastecer de to supply with

abelha bee

aberto opened

aborrecer to bore; **aborrecer-se com** to get tired of; **aborrecer-se com** to get bored with

aborrecido annoyed; tired of, sick of

abraçar to embrace, hug

abreviatura abbreviation

abrigo shelter, protection

abrir to open; to turn on *(a light, etc.)*

absolutamente absolutely

abundante abundant, plentiful

abusar (de) to abuse

abuso abuse; misuse

acabar to finish, complete, end

acalmar to calm; **acalmar-se** to calm down

acaso chance; **por acaso** *(adv)* by chance

a(c)ção *(f)* action

aceitação *(f)* acceptance

aceitar to accept

acelerar to accelerate

acenar a to wave to, call to

acender to light; to turn on

acento accent (mark)

acesso access

achar o find

acidentalmente accidentally

acidente *(m)* accident; **ser vítima dum acidente** to be a victim of an accident

ácido *(m)* acid; **ácido/ácida** *(adj)* sour, tart

acima de above, on top off, over; beyond

aclimatar-se to adapt oneself, acclimate oneself, get used to

acompanhamento side order (dish), accompaniment

acompanhar to accompany

aconselhar to advise

aconselhar to counsel

acontecer to happen; **Que aconteceu?** What happened?

acontecimento event, occurrence, happening

acordado awake

acordar to wake (up), awaken

acordo agreement, understanding; **chegar a (um) acordo** to reach an agreement, understanding; **estar de acordo** to be in agreement, agree

acostumar-se a to get used to, accustomed to

acreditar to believe

acrescentar to add (to), increase

a(c)tividade *(f)* activity

a(c)to act

a(c)tualmente at present, now

adepto/adepta follower, supporter

adeus good-bye, farewell

adiamento postponement; delay

adiantado fast *(timepiece)*; **estar adiantado** to be fast

adiar to postpone, put off; to delay

adicional additional

adivinhar to guess

administração *(f)* administration

admirar to admire; to appreciate; **admirar-se (de)** to be surprised at

adoecer to become sick, ill

adormecer to fall asleep

adulta/adulto adult

afastado remote, distant, far away (off)

afiado sharp, sharpened

afinar to adjust; to tune

afirmar to affirm, declare, assert

agarrar to catch, grab, grasp
agência agency
agitado agitated, disturbed, restless
agora now; **agora mesmo** right now
agradar to please, delight
agradável agreeable, pleasant, pleasing
agradecer to thank, express one's thanks
agradecido thankful, grateful
agradecimento thanks, gratitude
agricultor farmer
água water
agudo sharp, keen, acute
aguentar (*Br* agüentar) to stand (*as to tolerate*), endure, bear
agulha needle
aí there
ainda still, yet; **ainda não** not yet; **ainda que** although; **ainda que** though
ajuda help, aid
ajudar alguém to help someone
alcançar to reach; to attain; to arrive at
álcool desnaturado denatured alcohol
aldeia village
alegre happy, glad, cheerful
alegria happiness, cheerfulness
além beyond; **além de** besides; **além disso** besides, furthermore
alemão/alemã German
Alemanha Germany
alfândega customs (house)
alfinete *(m)* pin
alforreca jellyfish
algas *(f pl)* seaweed
algo something
alguém someone, somebody
alguma coisa something
alguns/algumas *(m/f pl)* some
algures somewhere
ali there
aliança alliance, union; wedding ring
aliás furthermore, besides
alicate *(m)* pliers, nippers
alimentação *(f)* nourishment, food
alimento food, nourishment
almofada pillow, cushion
alojamento lodging, housing accomodations

alongar to prolong, extend
alterar to alter, change
alto! halt!, stop!; high, loud, tall *(adj)*; **falar alto** to talk loud
alto-falante *(m)* loudspeaker
altura height, altitude; time
alugar to lease, rent
aluguer *(m)*, **aluguel** *(Br)* rent
amabilidade *(f)* kindness, friendliness
amanhã tomorrow; **amanhã de manhã** tomorrow morning; **amanhã à tarde** tomorrow afternoon
amar to love
amargo bitter
amável kind, friendly, lovable; **pouco amável** not very kind, not very friendly
ambiente *(m)* atmosphere, surroundings; **meio ambiente** *(m)* environment
ambos/ambas both
ambulância ambulance
ameno pleasant, agreeable
americano/americana American
América America; **na América** in America
amigo/amiga friend; **ser amigo** to be a friend
amizade *(f)* friendship
amor *(m)* love
amostra sample
analisar to analyze
andar *(m)* to walk, go; **andar a pé** to go on foot
anedota joke, anecdote
anel *(m)* ring
anexo annex
anfitrião/anfitriã host/hostess
animal *(m)* animal
aniversário anniversary; birthday
ano year; **por ano** *(adv)* yearly, by year
anotar to comment; to mark down, note down
antemão, de *(adv)* beforehand
antes before; **antes de** before; **quanto antes** as soon as possible
anticonceptivo contraceptive
antigamente formerly, in the past
antigo/antiga ancient, old

anual annual, yearly
anualmente yearly, annually
anular a reserva to cancel the reservation
anunciar to announce
anúncio advertisement; announcement
apagar to extinguish, put out; to turn off, switch off **apagar-se** to be extinguished, go out
apanhar to catch
aparecer to appear
aparelho equipment; set; appliance
aparencia appearance
aparentemente apparently, evidently
apartamento apartment
apenas hardly, scarcely
aperfeiçoar to perfect; to improve
apertar (um botão) *(Br)* to press (a button)
apesar de in spite of; **apesar disso** in spite of that
apetite *(m)* appetite
apinhado crowded
apito whistle
aplausos *(m pl)* applause
apoio help, aid, support
apontamento appointment
aposta bet, wager
apostar to wager, bet
apreciar to appreciate; to estimate
aprender to learn
apresentação *(f)* introduction; presentation
apresentar to present, introduce; **apresentar alguém a alguém** to present or introduce someone to someone (else)
apressado hasty; hurried
apressar-se to hurry (up), hasten
aproximadamente approximately
aproximar-se to come near, approach
aquecer to warm up, heat
aquele/aquela *(m/f sg dem pron & adj)* that (one)
aqui here
aquilo *(neut dem pron)* that
ar *(m)* air; **ao ar livre** in the open air, outdoors; **ter ar de** to have the appearance of
arame *(m)* wire

arbusto bush
arder to burn
arejar to air out
arenque *(m)* herring
armazém *(m)* warehouse; store; **grande armazém** department store
arrancar (um dente) to pull out (a tooth)
arranha-céus *(m)* skyscraper
arranjar to arrange; to fix; to borrow
arrombar to break into *(as to pry open)*
artigo article, item
árvore *(f)* tree
ascensor *(m)* elevator
aspecto aspect, appearance; **ter aspecto de** to have the appearance of
assado *(m)* roast; *(adj)* roasted; cooked
assaltar to assault
assar to roast
assegurar to assure
assento seat
assim so, thus, in this way
assinar to sign
assinatura signature
assobio whistle; hiss
associação *(f)* association
assumir to assume
assunto matter, subject, topic, business; **resolver um assunto** to settle or resolve a matter
assustado frightened; **ficar assustado** to be(come) frightened
assustar to frighten, scare; **assustar-se** to be(come) frightened
atacador *(m)* shoelace
atalho shortcut
atar to tie
até until; **até agora** until now
atenção *(f)* attention; **prestar atenção (a)** to pay attention (to)
atento attentive
atestado certificate, certification
atestar to certify
atirar to throw
Atlântico Atlantic
atrás behind, back; ago; **atrás de** behind; **voltar atrás** to go back
atrasar-se to be behind, late
através de across, through
atravessar to cross

atrever-se a to dare to
átrio atrium
auge *(m)* summit, height
aumentar to increase
ausente absent
Áustria Austria
austríaco/austríaca Austrian
autêntico authentic
automático automatic
automóvel *(m)* automobile
autoridades *(f pl)* authorities
autorização *(f)* authorization
autorizado authorized
autorizar to authorize
auto-serviço self-service
avaliar to appraise, estimate
avançar to advance, forward
avante forward, onward
avariado out of order
ave *(f)* bird
avião (air)plane; **ir de avião** to go
　by (air)plane
avisar (de) to warn (of, about)
avó grandmother
avô grandfather
azedo/azeda sour, acid, tart

B

baía bay
baile *(m)* dance
baixar to lower; to decrease
baixo low, short; **(lá) em baixo**
　down there; **para baixo** down-
　wards; **por baixo de**
　under(neath); **falar baixo** to talk
　or speak low or softly; **em voz**
　baixa in a soft (low) voice
balança balance, scales
banco bank
banda bank *(of a river)*
banheiro *(Br)* bathroom
banho bath; **casa de banho** bath-
　room; **tomar banho** to take a
　bath
barata cockroach
barato cheap, inexpensive
barbear to shave
barco boat
barra bar

barulho noise
bastante enough
bastar to be enough, sufficient
bater to beat, strike; to knock;
　bater à porta to knock at the door
bateria battery
bebé *(m)* baby
beber to drink
beijar to kiss
beijo kiss
beira shore, bank, edge
beleza beauty
belga *(m/f)* Belgian
Bélgica Belgium
belo beautiful, pretty
bem *(adv)* well
bem-estar *(m)* well-being
bem-vindo welcome
benévolo benevolent, kind
bicha line, queue; **fazer bicha** to
　stand in line
bilhete *(m)* ticket; **bilhete de**
　identidade identity card
bilheteira ticket window
bilheteria *(Br)* ticket window
binóculo binoculars
bisnaga tube *(as of toothpaste)*
bocado bit, piece; **um bocado** a
　little
bocejar to yawn
bola ball
bolsa *(Br)* pocket, *(Br)* bag, *(Br)*
　purse
bolso pocket
bom *(adj)* good; **boa sorte!** good
　luck!
bombeiros *(m pl)* firemen
boneca doll
bonito pretty
borda bank, edge
bosque *(m)* woods
botão *(m)* button
brando bland, mild
brasa live coal, ember
o Brasil Brazil
brasileiro/brasileira Brazilian
breve brief, short; **em breve** *(adv)*
　shortly, briefly
brevemente briefly
brigar to fight, quarrel
brilhante shining, bright; *(m)*
　diamond

brilhar to shine
brincadeira joke
brincar to play; to joke
brinde *(m)* toast *(as to drink to one's health)*
brinquedo toy
britânico/britânica British
bronzeado tanned; sunburned
buraco hole
burro donkey
buscar to look for; **ir buscar** to go get; **mandar buscar** to send for
bússola compass

C

cá here
cabana hut
cabedal *(m)* leather
cabide *(m)* hanger, coatrack
cabina telephone booth; cabin
cabo cable
caça game *(hunting)*
cachimbo pipe *(for smoking)*
cada each; **cada um** each one; **cada vez** each time, every time, whenever
cadeia chain
cadeira chair
caderno notebook
caducar to expire
café *(m)* coffee
cair to fall
caixa box; cashier; **caixa de fósforos** box of matches; **deitar na caixa** to drop (put) in the mailbox
caixote *(m)* box
calar-se to be quiet, hush up
calcular to calculate
calma *(f)* calm
calmo *(adj)* calm
calor *(m)* heat
cama bed; **ir para a cama** to go to bed; **roupa de cama** bed clothes
camarote *(m)* cabin, stateroom
cambiar to change, exchange *(as currency)*
câmbio exchange *(currency)*
caminhar to walk
caminho road, way; **no/a caminho** on the way; **no/a caminho** en route
campainha bell

campo countryside
camponês peasant, farmer
o Canadá Canada
canadiano/canadiana *(Br)* **canadense)** Canadian
canalização *(f)* plumbing
canavial *(m)* reed or cane thicket
canção *(f)* song
cancelar to cancel
candeeiro lamp
caniçal *(m)* reed or cane thicket
cansado tired
cantar to sing
canto song; corner, angle
cão *(m)* dog
capaz capable; **ser capaz de** to be capable of
capela chapel
capital *(f)* capital
cardápio *(Br)* menu, bill of fare
carga freight, shipping
carimbo postmark
carinhoso affectionate, loving, kind
carne *(f)* meat
caro expensive
carregador *(m)* porter
carregar to carry; **carregar num botão** to press or push a button
carro car
carta letter
cartaz *(m)* poster, placard
carteiro/carteira mailman, postman, letter carrier
carteira handbag; wallet; **carteira de identidade** *(Br)* identification card
cartucho cartridge
carvão *(m)* (char)coal
casa house, home; **em casa** at home; **casa de banho** bathroom; **casa de campo** country home; **casa mobilada** furnished house; **mudar de casa** to move (to another house)
casado (com) married (to)
casal *(m)* married couple
casamento marriage
casar to marry; **casar-se (com)** to get married (to)
caso case, event; **no caso de** in case of, in the event that; **em caso de necessidade** in case of necessity

castanho chesnut; brown
castelo castle
castigo punishment
caução *(f)* caution
causa cause; **por causa de** because of, on account of, due to
causar to cause
cautela caution, care
cedo early
cego blind
célebre famous, renowned
cem hundred
cento hundred; **por cento** percent
central central
centro center
cerâmica ceramics, pottery
cerca de about, nearly
cerrado overcast
certamente certainly, of course
certeza certainty; **com certeza** *(adv)* certainly, of course
certificado certificate
certificar to certify
certo sure, certain; **estar certo** to be sure or certain
cesto wastebasket
céu *(m)* sky, heavens
chama flame
chamar to call; **chamar-se** to be named or called
chão *(m)* floor
charuto cigar
chave *(f)* key; **fechar à chave** to lock
chávena cup
chefe *(m)* boss, head, chief
chegar to arrive
cheio full; **cheio de sol** very sunny
cheirar to smell, sniff; **cheirar mal** to smell bad
cheiro smell
chofer *(m) (Br)* driver
choque *(m)* shock; crash
chorar to cry
chover to rain
cidade *(f)* city
cigarrilha cigarillo
cigarro cigarette
cima top, summit; **em cima (de)** on top (of); **para cima** upwards
cimo top, summit
circular circular

circunstâncias *(f pl)* circumstances, conditions
claro *(adj)* clear; light
classe *(f)* class
cliente *(m)* client
clima *(m)* climate
coberto covered; overcast, cloudy
cobertor *(m)* blanket
cobrir to cover
coisa thing
colar *(m)* necklace
cole(c)ção *(f)* collection
cole(c)cionar to collect
colega *(m)* associate, partner
colérico angry
colheita harvest
colher to harvest, pick, gather
colina hill
colocar to place, put
colorido colored
com with
combinar to combine; to agree (up)on
começar to begin
começo beginning
comer to eat; **não poder comer** to not be able to eat
comestível edible
comichão itch(ing); **fazer comichão** to itch, cause itching
comida food, meal; **comida de animais** animal food
como as, like; **como se** as if; **como?** what?
comodidade *(f)* comfort
cómodo comfortable
comovido moved *(emotionally)*
companhia company; **em companhia de** in the company of
comparação *(f)* comparison
comparar to compare
compartilhar (com alguém) to share (with someone)
compatriota *(m)* fellow countryman
competente competent, qualified, capable
completamente completely
completo complete
comportamento behavior, conduct
compra purchase; **fazer compras** to shop, go shopping
comprador *(m)* buyer, purchaser
comprar to buy

A/Z

compreender to understand
comprido long
comprimento length
compromisso commitment; **sem compromisso** without commitment
comum common; **em comum** (adv) in common
comunicação (f) communciation
comunicar to communicate
conceder to concede
concordar to agree
concurso contest; competition
condecoração (f) decoration (honor)
condição (f) condition; **em boa condição física** in good physical condition or shape
condutor (m) driver; conductor
conduzir to drive
confiança confidence, trust; **de confiança** trustworthy
confiante confident, sure
confiar em to trust in, confide in
confirmar to confirm
conflito conflict
confortável comfortable; **pouco confortável** not very comfortable
confundir to confuse
conhecer to know, be acquainted
conhecido/conhecida aquaintance
conhecimento acquaintance; **conhecimentos** (m pl) experience, knowledge
conjunto band (musical)
consciencioso consciencious
consciente conscious, aware
conseguir to obtain, get
conselho advice; **pedir conselho a alguém** to ask someone advice
consentir to agree (to), consent (to)
consertar to repair, fix
conserto repair
conservar to conserve, preserve
consideração (f) consideration
considerar (como) to consider (as)
considerável considerable
constante constant
constar de to consist of
constituição (f) constitution
constituir to constitute; **ser constituído por** to be made of
construir to build, construct

consulado consulate
consultar to consult
consultório office (as of doctor)
consumir to consume, use
consumo consumption
conta bill, invoice; **enganar-se na conta** to make a mistake on the bill; **tomar conta (de)** to take care (of)
conta(c)to contact
contar (com) to count (on)
contente (com) content (with), happy (with); **estar contente (com)** to be happy (with)
contentor do lixo (m) trash can
conter to contain
conteúdo contents
continuar to continue
contra against; **ser contra** to be against
contrabando contraband, smuggling; **fazer contrabando** to smuggle
contrário contrary; **ao contrário** on the contrary; **de contrário** else, otherwise; **pelo contrário** on the contrary
contrato contract
controlar to control
contudo however; nevertheless; yet
convencer to convince
conveniente suitable, fitting, convenient
conversa conversation
conversar to converse
convidado guest
convidar to invite
convir to be fitting, suitable, proper; to agree
convite (m) invitation
cópia copy
copo glass (for drinking)
cor (f) color; **de cor** colored
coração (m) heart
corda string, rope, cord
cordão (m) string, cord, thread
cordel (m) string, thread
cordial cordial
cordialidade (f) cordially
coro chorus; choir
corpo body
corre(c)to correct
corredor (m) hall

correia strap
correio mail
corrente *(f)* chain; *(adj)* current;
  corrente de ar *(f)* air current,
  draft of air
correr to run
correspondência correspondence
corrigir to correct
corru(p)to corrupt
cortante cutting
cortar to cut
cortês courteous
cortesia courtesy
cortina curtain
costa coast, shore; **costas** *(f pl)*
  back *(of the body)*
costume *(m)* habit, custom
couro leather
cozinha kitchen
cozinhar to cook
crédito credit
crença belief
crer to believe
crescer to grow
criador *(m)* creator
criança child
criar to raise, bring up
criativo creative
criticar to criticize
cruzamento crossing
cuidado care
cuidadoso careful
cuidar de to take care of
culpa blame, guilt
culpa (de), ter a to be guilty
cultura cultural
cume *(m)* top, summit
cumprimentar to greet
cumprir to fulfill
cunhada sister-in-law
cunhado brother-in-law
curioso curious
curso course
curto short
curva curve
curvar to curve
custar to cost
custo cost, expense

D

dado datum; **dados pessoais** *(m
  pl)* personal data
dança dance
danificado damaged, injured
danificar to damage, injure
dano harm, injury
dantes from before
dar to give; **dar horas** to strike . . .
  (a clock); **dar indicações** to give
  directions; **dar um passeio** to take
  a walk
data date
de of, from; **de propósito** on
  purpose; **de repente** suddenly
debaixo de under(neath)
decidir to decide; **decidir-se** to
  make up one's mind; **ser/estar
  decidido** to be determined or
  resolute
declarar to declare, assert
defeito defect
defender to defend
definitivamente definitively
definitivo *(adj)* definite
deitar-se to lie down; to go to bed;
  estar deitado to be lying down; to
  be in bed; **ir deitar-se** to go to bed
deixar to leave; to let, allow
del *(poss)* his
dela *(poss)* hers
deles/delas *(m/f pl poss)* theirs
delgado thin, slender
delicadeza delicateness
delicado delicate
demasiado *(before an adj)* too
demonstrar to demonstrate
demorar to delay; **demorar-se** to
  take long
denso dense, thick
dentro in, within; **lá dentro**
  (there) inside; **dentro de** inside,
  within; **dentro de uma semana**
  within a week
depois after(wards); **depois de** after
depositar to deposit
depósito gas tank; baggage locker; deposit
depressa *(adv)* quickly
desagradável disagreeable,
  unpleasant

desaguar to drain
desaparecer to disappear
desastre *(m)* disaster
descansar to rest
descanso rest
descarado shameless, bald-faced
descarregar to discharge; to unload
descer to go down, descend
descobrir to discover; to uncover
desconfiar de to distrust
desconhecido unknown
descontente discontented, dissatisfied
desconto discount
descortês discourteous
descrever to describe
descuidado careless
desculpa excuse; forgiveness, pardon; **peço desculpa** forgive me
desculpar to excuse; **desculpe** pardon; **desculpar-se** to apologize; to excuse oneself
descurar to be careless
desde *(prep)* since, from; after; **desde então** since then; **desde quando?** since when?; **desde que** *(conj)* since; **desde sempre** always
desejar to desire, wish; **estar desejando** to be longing for
desejo wish, desire
desembocar to open onto or merge into *(a street, road, etc.)*
desempregado unemployed
desenhar to design
desenho design
desenvolver to develop
desenvolvimento development
desesperado desperate, despairing
desfavorável unfavorable
desfazer to undo; to come apart; to break down
desgosto displeasure; regret
desgraça misfortune, disgrace
designação *(f)* designation, title
desiludido disillusioned
desligar to hang up *(a telephone)*
desmaiado fainted
desnecessário unnecessary
desordem *(f)* disorder
despachar to forward, send off; **despachar-se** to get moving (going)

despedir-se de to say goodbye or farewell
despertador *(m)* alarm clock
despertar to awaken, wake up
despesas *(f pl)* expenses
despir to undress; **despir-se** to get undressed
desporto sport
destino destination
destruir to destroy
desvantagem *(f)* disadvantage, drawback
desvio detour, bypass
detalhe *(m)* detail
deter alguém to arrest someone
determinado determined, resolute
Deus God; **graças a Deus** thank God
devagar *(adv)* slow(ly)
dever *(m)* duty; **ter o dever de** to have the obligation (duty)
dever to owe; ought to
deveras *(adv)* truly, really
devolver to return, give back
dia *(m)* day; **outro dia** another day, some other day; **de dia** by day; **nos dias úteis** weekdays; **dia de festa** holiday; **dia do santo onomástico** one's Saint's Day
diagnóstico diagnosis
diante de before
diapositivo mechanism, device
diferença difference
diferente different
difícil difficult
dificuldade *(f)* difficulty
diminuir to diminish, decrease
diminuto tiny, diminutive
dinheiro money; **dinheiro miúdo** small change; **pagar em dinheiro** to pay in cash
dire(c)ção *(f)* direction; management
dire(c)to direct
dire(c)tor/dire(c)tora *(m/f)* director
direito (1) *(adj)* straight, right; **seguir a direito** to continue straight ahead; **à direita** to the right **(2)** *(m)* law; right; **pagar direitos** to pay duty
dirigir-se a alguém to go speak to someone
disco disk; record

discrição discretion; **à discrição** at the discretion

discutir to discuss; to debate; to argue

dispendioso costly, expensive

disposição *(f)* disposition; regulation

disposto disposed, inclined

disputa dispute, quarrel

distância distance

distante distant

distinguir to distinguish; **distinguir-se de** to distinguish oneself from

distinto distinct; distinguished

distribuição *(f)* distribution

distribuidor automático *(m)* vending machine

distribuir to distribute

divertido amusing, entertaining

divertimento entertainment

divertir-se to enjoy oneself, have fun

dívida debt

dividir to divide

divisão *(f)* division

dizer to say, tell

do que than

dobrar to fold, double

doce sweet

documento document

doente ill, sick

doer to ache, hurt

doido crazy

doído aching

doloroso painful

domicílio domicile, residence

dona *(f)* owner; landlady; **dona da casa** housewife

dono owner; landlord; **dono da casa** head of the house; **dono do restaurante** owner of the restaurant

dormir to sleep

doutor *(m)* doctor

duplo double

duração *(f)* duration, length *(of time)*

duradouro lasting

durante *(prep)* during; **durante algum tempo** for some time; **durante a viagem** during the trip

durar to last

dureza hardness; toughness

duro hard; tough

dúvida doubt; **sem dúvida** without a doubt, doubtless

duvidar de (alguma coisa) to doubt (something)

duvidoso doubtful

E

e *(conj)* and

edifício building

educação *(f)* education

efeito effect; **com efeito** indeed, in effect

eficaz effective

ela *(f sg subj pron & obj of prep)* she; **elas** *(f pl subj pron & obj of prep)* they

ele *(m sg subj pron & obj of prep)* he; **eles** *(m pl subj pron & obj of prep)* they

elé(c)trico electric

elegante elegant, graceful; well-dressed

eleger to elect

eleição *(f)* election

elevador *(m)* elevator

elogiar to praise

em in; **em que** in that, in which; **no fundo** *(adv)* at the bottom; **nos Açores** in the Azores

emagrecer to grow or become thin

emancipado of age

embaixada embassy

embalagem *(f)* packaging

embarcar to embark

embora *(conj)* although; **ir-se embora** to go away, leave; **mandar embora** to send away

embriagado drunk

embriagar-se to get or become drunk

embrulhar to wrap (up)

embrulho package

embusteiro trickster, joker

ementa menu

emissão *(f)* broadcast

empacotar to pack

empregado/empregada employee, clerk

empregar to employ

emprego employment

empresa company, business

emprestar to lend; **pedir emprestado** to borrow
empurrar to push, shove
encantado charmed, delighted
encantador charming, delightful
encharcado drenched, soaked
encher to fill; **encher (de ar)** to fill (with air), blow up
encomenda parcel; order; **fazer uma encomenda** to place an order
encontrar to find; to meet; **combinar encontrar-se** to agree to meet
enfermeira *(f)* nurse
enganar to deceive, cheat; **enganar-se** to be wrong, mistaken; **enganar-se na conta** to make a mistake in the bill
engano mistake; **por engano** by mistake
engordar to get or become fat
enorme huge, enormous
enquanto *(conj)* as long as, while; **por enquanto** *(adv)* for the time being, for the present
ensaio attempt; essay; rehearsal *(theatrical)*
ensinar to teach
entanto in the meantime; **no entanto** nevertheless
então then; **desde então** since then
entender to understand; **entender mal** to misunderstand; **entender-se** to understand each other, get along well
entrada entrance; **entrada (do cais)** (railway platform) gate; **entrada principal** main entrance; **preço de entrada** price of admission
entrar to enter; **entre!** come in!; **entrar em** to enter or come in(to)
entre between; **entre outras coisas** among other things
entregar to deliver; to turn in
entretanto meanwhile; at the same time
entupido stopped up, plugged up
entusiasmado (com) enthusiastic (about)
enviar to send
época epoch
equipa team
equipamento equipment

equipe *(f) (Br)* team
equivalente equivalent
equívoco *(m)* mistake
errado *(adj)* wrong, erroneous, mistaken
errar to make a mistake
erro error, mistake
escada *(f)* stairs, staircase
escarpado steep
escola school
escolha choice
escolher to choose
esconder to hide
escorpião scorpion
escorregadio slippery
escova brush
escovar to brush
escrever to write
escrita *(f)* handwriting
escrito written; **por escrito** in writing
escritório office
escrupuloso scrupulous
escultura sculpture
escuro dark, obscure
escutar to listen; **escutar alguém** to listen to someone
esforçar-se to make an effort, endeavor
esforço effort
esgotado exhausted; sold out; out of print *(book)*
esgoto drain
espaço space
Espanha Spain
espanhol/espanhola Spanish; Spaniard
especial special
especialmente (e)specially
espécie *(f)* kind, type, sort
espe(c)tador *(m)* spectator
esperar to expect; to wait (for); to hope (for)
esperto able, smart, clever
espirrar to sneeze
esplêndido spendid
esponsais *(m pl)* engagement (as *betrothal*); **celebrar os esponsais com alguém** to get engaged to someone
esporte *(m) (Br)* sport
esposa wife

esposo husband
esquecer to forget; **esquecer-se de** to forget (about)
esquentar *(Br)* to heat; to warm up
esquerdo left; **à esquerda** to the left
esse/essa *(m/f sg poss adj & pron)* that (one)
estabelecer to establish
estaca peg, pole
estação *(f)* station; **fora da estação** out of season; **estação do ano** *(f)* season of the year; **estação balnear** *(f)* seaside resort
estacionar to park
estada stay, sojourn
estado state
o Estado the State
os Estados Unidos the United States
estalagem *(f)* inn, hostelry
estar to be; **Está lá?** Hello?; **estar em pé** to be standing
estável stable, steady
este/esta *(m/f sg poss adj & pron)* this (one); **esta noite** tonight
estender-se to extend; to spread (out)
estorvar to bother; to disturb; to hinder
estorvo bother, hindrance
estrada road, highway
estragado spoiled, wasted
estragar to spoil; to ruin; **estragar-se** to go to waste
estrangeiro *(adj)* foreign; **estrangeiro/estrangeira** foreigner
estranho strange
estreito tight, narrow
estrela star
estudar to study
estúpido stupid
eu *(subj pron)* I
Europa Europe
europeu/europeia *(Br* **européia)** *(m/f)* European
eventualmente eventually
evitar to avoid
exa(c)tamente exactly
exa(c)tidão *(f)* exactness, preciseness
exa(c)to exact, precise

exagerado exaggerated
exame *(m)* exam
examinar to examine
excelente excellent
exce(p)ção *(f)* exception
exce(p)to except
excursão *(f)* excursion, tour
executar to execute; to carry out
exemplo example; **por exemplo** for example
exercer to exercise
exercício exercise
exercitar to exercise; to train
exigência exigency
exigir to demand; to require
existir to exist
êxito success
expedir to forward; to send; to expedite
experiência experience
experiente *(adj)* experienced
explicar to explain
expressamente expressly
expressão *(f)* expression
extensão *(f)* extension
exterior exterior, outer
extintor de incêndios *(m)* fire extinguisher
extra extra(ordinary)
extraordinário extraordinary

F

fábrica factory
fácil easy
fa(c)to fact; **de fa(c)to** in fact, indeed
fa(c)tura invoice, bill
faísca spark
falar to speak; to talk; **falar alto** to speak or talk loud(ly); **falar (em voz) baixo** to speak or talk softly or in a low voice
falhar to miss, falter, skip
falso false
falta lack, need
faltar to be missing; to be lacking
família family
famoso famous
farmácia portátil first aid kit

farol *(m)* headlight; lighthouse
farto fed up; stuffed
fatia slice
fatigado tired, exhausted
fatigante exhausting
favor *(m)* favor; **se faz favor** please; **a favor de** on behalf of; **a favor de** to the credit of; to be in favor of
favorável favorable
fazenda estate, property
fazer to make; to do; **fazer a barba** to shave
fé *(f)* faith
fechado closed
fechadura lock
fechar to close; **fechar à chave** to lock
fecho lock, latch
feio/feia ugly
feira fair, exposition
feito à mão handmade
felicidade *(f)* happiness
felicitações *(f pl)* congratulations
felicitar to congratulate
feliz happy
feminino/feminina feminine
feriado holiday
férias *(f pl)* holidays, vacation; **de férias** on vacation
ferido/ferida wounded, injured
ferro iron; **ferro (de engomar)** (clothes) iron
ferrolho bolt *(of a lock)*, latch
ferver to boil
festa party, feast
fiança security deposit
ficar to remain; to stay; **ficar com** to keep; **ficar bem** to suit, match, fit; **ficar calado** to be(come) quiet; **ficar furioso** to be(come) angry
fiel faithful
fila row, line; **fazer fila** *(Br)* to stand in line
filha daughter
filho son
filial *(f)* branch *(of a company)*
filme *(m)* film
filtro filter
fim *(m)* end; **por fim** at last
finalmente finally, at last
fino fine

fio thread, string, twine
firma firm
fita tape
fixar to fix, attach, fasten
flash *(m)* flash
flirtation namorico, flirt *(m)*
flor *(f)* flower
florescer to flower, blossom, bloom
floresta forest; **floresta virgem** virgin forest
fogão stove
fogo fire; **fogo(s) de artifício** fireworks
folha leaf
fome *(f)* hunger; **ter fome** to be hungry
fonte *(f)* spring, fountain
fora *(adv, prep, & interj)* out(side); **de/por fora** outside; **fora de** out of; **fora de moda** out of style, out of date, outmoded
forasteiro/forasteira outsider, stranger
força force, strength
forma form, shape; **de outra forma** otherwise
formação *(f)* formation
formar to form, shape
formato format
formidável formidable
fornecer to supply, furnish
forno oven
forro lining
forte strong
fósforo match *(for lighting)*
foto *(f)* photo
fotografar to photograph
fotografia photograph; **tirar (uma) fotografia(s)** to take (a) picture(s)
foz *(f)* mouth *(of a river)*
fraco weak, frail
frágil fragile
a França France
francês/francesa *(f)* French (man/woman)
frango chicken
fraqueza weakness
frase *(f)* phrase; sentence
fraude fraud
freguês *(m)* customer, client

freira nun
frente front; **à frente de** at the front of; **em frente** opposite; **em frente de** *prep.* in front of
frequentemente *(Br)* **freqüentemente** frequently, often
fresco fresh
frete *(m)* shipping, freight
frio cold; **ter frio** to be cold
fritar to fry
fronteira border, frontier
fumar to smoke
fumo smoke; *(Br)* tobacco
funcionar to function
fundo bottom; depth(s)
fúria fury, rage
furioso furious; **ficar furioso** to be(come) furious
furo hole
fusível *(m)* fuse *(as circuit breaker)*
futuro future

G

gaivota sea gull
galo rooster
gancho hook; hairpin
ganhar to win; to earn
ganho earnings, gain, profit
garagem *(f)* garage
garantia guarantee, warranty
garrafa bottle
gasolina gas(oline); **meter gasolina** to gas up
gastar to spend; to use up; to waste
gato cat
gelado ice cream
gelar to freeze
gelo ice
géneros *(Br* **gêneros) alimentícios** *(m pl)* foodstuffs
gente *(f)* people; **a gente** we; us
geral general
geralmente generally
gesso plaster
gira-discos *(m)* record player
gole goal *(soccer, etc.)*
golpe *(m)* gash; hit
gordo fat
gostar de to like; **gostar de alguém** to like someone; **gostar mais de** to like more, prefer

gosto taste; **com muito gosto** gladly
gota drop
governo government
gozar to enjoy
gozo enjoyment
Grã-Bretanha Great Britain
graça fun; joke; **de graça** for free; **graças a Deus** thank God
gracejo joke
grade grating
grado, de bom willingly; **de mau grado** unwillingly
grama *(Br)* gram
grande great, large, big
grandeza greatness
grandioso grandiose
gratificação *(f)* gratification; tip *(as gratuity)*
gratificar to gratify; to tip *(as gratuity)*
grátis (for) free, gratis
grato grateful, thankful
gratuito free, gratis
grau *(m)* degree
grave grave, serious
grávida pregnant
gravura engraving; carving
gritar to shout, yell
grosso big, large; **por grosso** wholesale
grupo group
guarda *(m)* guard
guarda-chuva *(m)* umbrella
guardar to guard; to keep
guerra war
guia *(m)* guide(book)
guiar to guide
guiché *(Br* **guichê)** *(m)* ticket window or counter
guitarra guitar

H

há there is (are); **há pouco** a short time ago
hábil capable, able, skillful
habitante *(m)* inhabitant
hábito habit
habituado accustomed; **estar habituado a** to be accustomed
habitual habitual, customary

habituar-se a to be(come) accustomed to
hesitar to hestitate
história history; story
hobby *(m)* hobby
hoje today
homem man
honorários *(m pl)* honoraria
honra honor
hora hour; **de duas em duas horas** every two hours
horário de abertura business or store hours
horrível horrible
hóspede *(m)* guest; border *(as a tenant)*
hospitalidade *(f)* hospitality
hotel *(m)* hotel
humano human
(h)úmido humid
humor *(m)* humor

I

idade *(f)* age
ideia *(Br* **idéia)** idea; **não faço ideia** I haven't the faintest idea, I haven't a clue
igual *(adj)* equal
igualmente equally
ilha island
iluminado lighted, illuminated
imediatamente immediately
imediato immediate
impedir to impede, stop
importância importance; **sem importância** unimportant
importante important
importar (em) to import (in)
importunar to annoy, pester
importuno troublesome
impossível impossible
impreciso inexact
impressão impression
impresso blank, form
improvável improbable, unlikely
imprudente rash, imprudent
inadequado inadequate
incapaz incapable
incêndio fire; **sinal de alarme de incêndio** *(m)* fire alarm

incerto uncertain
inchado swollen
incidente *(m)* incident
incluído included
incluir to include
incomodar to disturb, bother
incómodo uncomfortable
incompleto incomplete
inconstante inconstant
inconveniente *(m)* inconvenient; unsuitable
incrível incredible
indecente indecent
indeciso indecisive
indelicado indelicate, impolite
inde(m)nização *(f)* compensation, indemnity
inde(m)nizar to indemnify, compensate
indesejável undesirable
indeterminado undetermined
indicação *(f)* indication; **indicações mais pormenorizadas** more detailed instructions or directions
indicar to indicate
indício indication
indígena indigenous
indispensável indispensable
indisposto indisposed
inesperado unexpected
inevitável unavoidable
inexperiente inexperienced
infelicidade *(f)* unhappiness
infeliz unhappy
infelizmente unfortunately
inferior inferior; lower
inflamável inflammable
informação *(f)* information
informar (alguém) to inform (someone); **informar-se (de)** to inquire (about); to find out (about)
Inglaterra England
inglês/inglesa English
ingrato ungrateful
íngreme steep
injustiça injustice
injusto unjust
inocente innocent
inquietar-se to be(come) uneasy, worry
inquieto restless, anxious

inscrever to register
inse(c)to insect
inseguro uncertain, insecure
insignificante insignificant
insistir em to insist on
instalação *(f)* installation
instantâneo/instantânea instantaneous
instante *(m)* instant
instrução *(f)* instruction
insuficiente insufficient
insultar to insult
insuportável unbearable
inteiramente entirely
inteiro/inteira entire, whole
inteligência intelligence
inteligente intelligent
intenção *(f)* intention
interessante interesting
interessar-se (por) to concern
  oneself (about); to be interested (in)
interesse *(m)* interest
interior *(m)* interior; **interior (do**
  pais) interior (of the country); **no**
  interior in the interior; *(adj)*
  inner; **roupa interior** underwear
internacional international
interpretar mal to misinterpret
interromper to interrupt
interrupção *(f)* interruption
interruptor *(m)* switch
intrujão *(m)* swindler, cheater
inútil useless
inválido invalid; sickly
inventar to invent
inverso inverse; reversed
investigar to investigate
invulgar unusual, uncommon
ir to go; **ir a pé** to go on foot; **ir**
  buscar to go get, go pickup; **ir de**
  avião to fly, go or travel by plane;
  ir ver to go see; **ir viajar** to go
  traveling; **ir-se embora** to go
  away, leave
irado irate, angry
irmã *(f)* sister
irmão *(m)* brother
irregular irregular
irritar-se com to be(come) irritated
  with
isolado isolated
isqueiro cigarette lighter

isso *(neut dem pron)* that
isto *(neut dem pron)* this
itinerário itinerary

J

já already; now; **já que** since, now
  that
jacto jet
jamais never
jardim *(m)* garden
jejum *(m)* fast(ing); **em jejum**
  fasting
jogada move *(as in a game)*
jogar to play *(as a game)*
jornal *(m)* newspaper
jovem young
juízo good sense, sound judgement
julgar to judge
juntamente together; jointly
junto de next to
juntos/juntas together
justamente precisely, rightly
justo/justa just, proper, fair, right
juventude *(f)* youth

L

lá there
lado side; **ao lado de** along side
  of; **do outro lado (de)** from the
  other side (of); **noutro lado** elsewhere, somewhere else
lago *(m)* lake
lama mud
lamentar to lament
lâmpada lamp
lançar to throw, toss, hurl
lance *(m)* throw; **lance livre** *(m)*
  free kick *(soccer)*
lanchonete *(f) (Br)* snack bar
largo loose; wide
lata can; **lata de conserva** can of
  preserves
lavado washed; clean
lavar to wash
leal loyal

lembrança souvenir
lembrar to remind; **lembrar-se de** to remember; **lembrar alguma coisa a alguém** to remind someone of something
lenço handkerchief
lento slow
ler to read
leste *(m)* east
letra letter *(of the alphabet)*; **dizer as letras** to spell (out)
levantar to lift up, raise; **levantar-se** to get up
levar to carry; to take; **levar a casa (de carro)** to take home (by car)
leve light
lhe *(m & f sg indir obj pron)* him, her; *(m & f sg indir obj pron for & s-for)* you
lhes *(m & f pl indir obj pron)* them; *(m & f pl indir obj pron for & s-for)* you
licença license; permit; permission
ligação *(f)* connection
ligadura bandage
ligar to tie, bind; to turn on; to connect *(phone call)*, *(Br)* phone
limpar to clean
limpo clean; **(céu) limpo** clear (sky)
lindo pretty, beautiful, lovely
língua tongue; language
linha line, thread
liquidação *(f)* liquidation; clearance (sale)
líquido liquid; **lucro líquido** net profit
liso smooth
lista list; menu; **lista telefónica** phonebook, schedule
livre free; vacant
livro book
lixo trash, garbage; **contentor do lixo** *(m)* trash container
lógico logical; *(Br)* of course
logo *(adv)* soon; at once; later
loja store
longe *(adv)* far, distant
longo long; **ao longo de** along
louça de barro pottery
louco crazy, insane
louvar to praise
lua moon

lucro profit
lugar *(m)* place; **em lugar de** in place of; instead of; **em primeiro lugar** in first place; **em último lugar** in last place
luminoso shining, bright
luxo luxury; **de luxo** deluxe
luxuoso luxurious; showy
luz *(f)* light; **acender/apagar a luz** to turn on/off the light

M

maçador tiresome, boring
macio soft; smooth
maço pack
madeira wood
maduro ripe
mãe *(f)* mother
magnífico magnificent
mágoa grief, sorrow; bruise, sore
magro lean
mais more; **mais (do) que** more than; **mais nada** nothing else; **mais ou menos** more or less; **de mais** too much (many); **nada mais** nothing more
mal *(adv)* badly; wrong; **fazer mal a** to do wrong to, harm
mala suitcase; **fazer as malas** to pack one's suitcases
mal-entendido misunderstood
mancha stain, blemish
mandar to order; to send; **mandar embora** to send away; **mandar fazer** to have made
maneira way; method; manner; **de maneira nenhuma** no way; **de qualquer maneira** anyway; **de outra maneira** otherwise
mangueira hose; **mangueira de incêndio** firehose
manhã *(f)* morning; **de manhã** in the morning
manifestação *(f)* demonstration; manifestation
mão *(f)* hand; **feito à mão** hand-made
mapa *(m)* map
máquina machine; **máquina fotográfica** camera

mar *(m)* sea
maravilhoso marvelous, amazing, wonderful
marca brand; mark, sign
marcar to mark; to stamp; to label
margem *(f)* margin; shore
marido husband
marrom *(Br)* brown
martelo hammer
mas but; **mas sim** of course
masculino masculine, male
material *(m)* material
mau bad
máximo maximum; greatest; **no máximo** at most
me *(dir obj pron)* me; *(indir obj pron)* to me
média average; **em média** *(adv)* on (the) average
medianeiro intermediate
médico doctor
medida measure
médio *(adj)* average
medir to measure
Mediterrâneo Mediterranean
medo fear; **ter medo de** to be afraid of
medusa jellyfish
meia-noite *(f)* midnight
meigo tender *(as loving)*, gentle, mild
meio middle; means; half; **por meio de** by means of
meio-dia *(m)* noon, midday
melhor better; **melhor (do) que** better than
melhorar to improve; to better
menina girl
menino boy
menor *(m/f)* minor; *(adj)* less
menos less; **o menos** the least; **ao menos** at least; **pelo menos** at least; **mais ou menos** more or less
mensal monthly
mentir to lie *(as to tell an untruth)*
mentira lie
mercadoria merchandise
merecer to deserve
merenda snack
mérito merit, worth
mês *(m)* month; **por mês** *(adv)* monthly
mesa table; **à mesa** at the table

mesmo same, alike; **o mesmo** the same; **ao mesmo tempo** *adv* at the same time
metade *(f)* half
metódico methodical
meu *(m sg poss adj)* mine
mim *(obj of prep)* me; **por mim** for me
minha *(f sg poss adj)* mine
mínimo minimum; **no mínimo** at the least
minuto minute
missa mass *(church service)*
misto mixed
misturado mixed
mobilar to furnish *(an apartment, etc)*
moça young woman
mochila knapsack
moda fashion, style; **fora de moda** out of style
modelo model
moderado moderate
moderno modern
modo mode; style; manner, fashion; way; **de modo nenhum** no way; **de outro modo** otherwise; **de qualquer modo** anyway
moeda coin
mola snap fastener
mole limp; soft
molhado wet
molhe *(m)* pier
molho sauce
momento moment
monja nun
montar to ride *(as a horse, etc)*
monte *(m)* hill
montra store window; showcase
morar (em) to live (at, in), reside (at, in)
morder to bite
morrer to die
morte *(f)* death
morto/morta dead
mosca fly
mosquito mosquito
mostrar to show
motivo motive, cause, reason; **por este motivo** for this reason
motorista *(m & f)* driver
móvel *(m)* piece of furniture
mover to move

A/Z

movimento movement
mudança move; change
mudar to move (away); to change;
 mudar de to move from; **mudar de**
 casa to move (to another house);
 mudar de roupa to change clothes
muito much; **quando muito** at
 most, at best
mulher *(f)* woman; wife
multa fine, ticket
multicolor multicolored
multidão *(f)* crowd
mundo world
música music

N

nação *(f)* nation
nada nothing; **de nada** think
 nothing of it
nadar to swim
namorico flirtation
não no; **não tem de quê** my
 pleasure, think nothing of it
nascente *(f)* spring *(of water)*
nascer-do-sol sunrise; **ao nascer-**
 do-sol at sunrise
nascido born
nascimento birth
nativo native
natural natural; native; **natural de**
 native of; **ser natural de** to be a
 native of
naturalmente naturally
natureza nature
necessário necessary
necessidade *(f)* need; **em caso**
 de necessidade if necessary
necessitar (de) to need
negar to deny
negativo negative
negligente negligent
negociação *(f)* negotiation
negócio business
nem neither; **nem . . . nem** neither
 . . . nor; **nem sequer** not even
nenhum none
nervoso nervous
neta granddaughter
neto grandson
nevar to snow

ninguém no one
nó *(m)* knot
noção *(f)* notion
nocivo harmful; **nocivo à saúde**
 harmful to one's health
nódoa stain, spot
noite *(f)* night; **à noite** at night;
 de noite by night; **esta noite**
 tonight
noivo/noiva fiancé/fiancée
nome *(m)* name; **nome de**
 ba(p)tismo first name, given name,
 Christian name
nomear to appoint, name
normal normal
normalmente normally
norte *(m)* north; **ao norte de** to
 the north of; **do norte** from the
 north; **do norte** northern
nos *(dir & indir obj pron)* us
nós *(subj pron & obj of prep)* we
nosso/nossa *(poss adj)* our
nota note; **tomar nota** to take
 note; **tomar nota de alguma**
 coisa to take note of or notice
 something
notar to note, notice
noticia news
novamente again
novidade *(f)* news
novo/nova new; young; **de novo**
 again
nu/nua naked
nublado cloudy
numerar to number
número number; **grande número**
 de large number of; **número de**
 matrícula *(Br)* license plate number
numeroso numerous
nunca never
nutritivo nutritious, nourishing

O

obje(c)tivo objective
obje(c)to object; **os obje(c)tos**
 de valor *(m pl)* valuables
obrigação *(f)* obligation; **ter obri-**
 gação de to be obliged to
obrigar to compel, make
observar to observe
obter to obtain

obturador *(m)* shutter *(of a camera)*
ocasião *(f)* occasion; chance
ocasionalmente occasionally
oceano ocean
ocidental western
ocidente *(m)* west
óculos *(m pl)* eyeglasses; **óculos de sol** *(m pl)* sunglasses
ocultar to hide; to conceal
ocupado occupied
ocupar to occupy; **ocupar um lugar** to occupy a space or seat; **ocuparse de** to concern oneself with
oeste *(m)* west; **do oeste** western
ofender to offend
ofensa offense, insult
oferecer to offer
oficial official
olá! hi!
óleo oil; **óleo combustível** fuel oil
olhar *(m)* to look (at); **olhar em volta** to look around
olho eye
operar to operate
opinar to hold an opinion
opinião opinion; **na minha opinião** in my opinion
oportunidade *(f)* opportunity
oportuno timely, opportune
oposto opposite
oração *(f)* speech
ordem *(f)* order; **em ordem** in order
ordenado salary
ordinário ordinary, common
organizar to organize
oriente *(m)* east, orient
orquestra orchestra
os/as *(m/f dir obj pron)* them; *(m/f pl def art)* the
ou or; **ou . . . ou** either . . . or
ouriço-do-mar sea urchins
ousar to dare
outro other; another; **outro dia** another day, some other time; **outra vez** again; **um ao outro** to each other
ouvir to hear
ovelha sheep
ovo egg

P

paciência patience
paciente patient
pacote *(m)* package
padre *(m)* priest
pagamento payment
pagar to pay; **pagar em dinheiro** to pay in cash
página page
pai *(m)* father; **os pais** *(m pl)* parents
país *(m)* country *(as a nation)*
paisagem *(f)* scenery, landscape
palácio palace
palavra word
pálido pale
pancada hit, blow
panela pan
pano cloth, fabric
panorama *(m)* panorama
pântano swamp, marsh
papel paper; **papel higiénico** *(Br* **higiênico)** *(m)* toilet paper
par *(m)* pair; **um par de** a pair of; **sem par** unequaled (without equal)
para for; **para cá** (to) here; **para isso** for that; **para lá** (to) there; **para o Porto** to Oporto; **para Portugal** to Portugal
parabéns *(m pl)* congratulations
parada *(Br)* bus stop
paragem *(f)* stop *(transportation)*
parágrafo paragraph
parar to stop; **ficar parado** to be stopped
parecer to seem; to appear *(as to seem)*; **segundo parece** *(adv)* evidently; **parecer-se com** to look like; **parecer-se com** to resemble, look like
parede *(f)* wall
parente relative *(as a relation)*
parque *(m)* park
parte *(f)* part; **tomar parte (em)** to take part in; **a qualquer parte** wherever; **em qualquer parte** anywhere; **em parte nenhuma** nowhere; **por toda a parte** everywhere
participação *(f)* participation
participar to report *(as a crime)*; **participar (em)** to participate (in)
particular particular; private

partida departure; game, match (sports)
partidário/partidária supporter
partido party (*political*); match (*sports*)
partir to depart; to break; **partir (de)** to leave or depart; **partir (para)** to leave or depart (for); **partir-se** to break; **a partir de** from, beginning, starting
parvo stupid, foolish
passado past
passageiro passenger
passagem (*f*) passage, fare; crossing; **de passagem** in passing; **passagem subterrânea** (*f*) subway
passaporte (*m*) passport
passar to pass; to spend (*time*); **já passou** it's passed, it's gone, it's over; **Que se passou?** What happened?; **passar por/por casa de** to go by/call at someone's house
pássaro bird
passear to take a walk or stroll
passeio excursion; walk, stroll; **dar um passeio** to go for a walk
passo step; pace
pasta briefcase, portfolio
pastilha elástica chewing gum
pátio courtyard
pátria native land, motherland, fatherland
pavilhão pavillion
paz (*f*) peace
pé (*m*) foot; **andar a pé** to go on foot; **estar em pé** to be standing; to stand; **ir a pé** to go on foot
peão (*m*) pedestrian
peça part
peculiar individual; private
pedaço piece; **um pedaço de pão** a piece of bread
pedestre (*m*) (*Br*) pedestrian
pedido request; order **pedir** to ask for; to order; **pedir alguma coisa a alguém** to ask something from someone; **pedir conselho a alguém** to ask advice from someone; **pedir informações** to ask for information or directions
pedra stone
pedregoso stony
pegar (*Br*) to pick up

peixe (*m*) fish
pela/pelas (*f sg & pl*) by (the), for (the), through (the)
pele (*f*) skin
pena pity; **é pena** it's a pity; **que pena!** what a shame!
pendurar to hang
penhor (*m*) security deposit
pensamento thought
pensão (*f*) boarding house
pensar to think; to bandage
penso bandage; **pensos higiénicos** (*m pl*) sanitary napkins
penúltimo/penúltima next-to-last
pequeno small, little
pêra pear
percentagem (*f*) percentage
perda loss
perder to lose; **perder-se** to get lost
perdoar to pardon, forgive
perfeito perfect
pergunta question
perguntar to ask (*a question*)
periferia periphery, outlying area
perigo danger
perigoso dangerous
permissão (*f*) permission
permitido permitted
permitir to permit, allow
pernoitar to stay overnight
persuadir to persuade
pertencer a to belong to
perto (*adv*) near; **muito perto** very near; **perto de** near to
pesado heavy; bothersome
pêsames (*m pl*) condolences
pesar (*m*) sorrow, grief
pescar (à linha), to to fish (with a line)
peso weight
pessoa person
pessoal (*m*) personnel
picante spicy, hot
picar to prick; to bite, sting (*insect*)
pilha battery
pinças pliers (*f pl*)
pingar to drip
pintar to paint; to tint or dye (*hair*); **pintar-se** to put makeup on
pior worse; **o pior** the worst
piscar to blink
piscina (swimming) pool
pista runway (*airport*)

placa license plate *(car)*
planicie *(f)* flatland, plain
plano *(adj)* flat; *(m)* plan
planta plant; plan (map); **planta da cidade** plan (map) of the city
plástico plastic
pó *(m)* powder
pobre poor
poço (water) well; spring
poder *(v)* to be able to, can; *(m)* power
poderoso powerful
podre rotten
pois because; so; then
polícromo multicolored
política politics
pólvora gunpowder
ponta tip, end
ponte (pequena) (small) bridge
ponto point; dot; **ponto culminante** culminating point
pontual punctual
por by; for; per; through; **por cima de** on top of; **por enquanto** *(adv)* for the time being; **por este motivo** for this reason; **por isso** for that reason; **por mim** for me
pôr to put, place; **pôr em marcha** to start
porém however; yet
pormenor *(m)* detail
pormenorizado detailed
porque because
porquê? why?
porta door; **porta da rua** front door
portanto therefore, consequently
portão *(m)* gate(way)
Portugal Portugal
português/portuguesa Portuguese
pôr-do-sol sunset; **ao pôr-do-sol** at sunset
posição *(f)* position
positivo positive
posse *(f)* possession, ownership
possibilidade *(f)* possibility
possível possible; **tornar possível** to be(come) possible
possuidor *(m)* owner, possessor
possuir to possess, own
postal *(m)* postcard
posterior *(adj)* subsequent, following
potável drinkable, potable

pouco little; **um pouco** a little
poupar to save; to economize
povo people, populace
povoação *(f)* village
praça square, plaza
prado meadow
praia beach
prancha surfboard
prática practice
praticar to practice
prático practical; **pouco prático** not very practical
prato plate, dish
prazer *(m)* pleasure; **ter muito prazer em** to be very pleased to
prazo term; **a curto prazo** short-term
precisão *(f)* accuracy, precision; necessity
precisar de to need
preciso necessary; precise
preço price; **preço de entrada** price of admission; **preço de entrada** cost of admission; **preço total** total cost (price)
preencher (um impresso) to fill out (a form)
preferência preference
preferir to prefer
prego nail
preguiçoso/preguiçosa lazy
prejudicar to harm, damage, hurt
prejuízo loss *(of value)*; prejudice; damage
prenome first name
preocupado worried
preocupar-se com to worry about; to be concerned with
preparar to prepare
prescrição *(f)* prescription
presente *(m)* present *(as a gift)*; **estar presente** to be present
preservativo condom
pressa haste, hurry; **ter pressa** to be in a hurry
pretexto excuse
primo/prima cousin
primeiro/primeira *(adj & pron)* first; **em primeiro lugar** in first place; **de primeira ordem** first-rate
principal main, leading
princípio beginning
prioridade priority

privado personal; private
probabilidade *(f)* probability, likelihood
procissão *(f)* procession
procuração *(f)* proxy, power of attorney
procurar to look for, search for
produto product
produzir to produce
profissão profession
profundo deep, profound
prognóstico prognosis
programa *(m)* program
progresso progress
proibição *(f)* prohibition
proibida a entrada! do not enter!, no admittance!
proibido! prohibited!
proibir to prohibit, forbid
proje(c)to project
prolongar to prolong, lengthen
promessa promise; assurance
prometer to promise; to assure
promover to promote
pronto/pronta ready
pronúncia pronunciation
pronunciar to pronounce
propaganda advertising; publicity
propor to propose
propósito purpose; **a propósito, de proposito** on purpose; **vir a propósito** to serve a purpose
proposta proposal
propriedade *(f)* property; ownership
proprietário owner, proprietor
próprio proper; own
prorrogar to postpone, put off
prospe(c)to brochure, prospectus
prote(c)ção *(f)* protection
proteger to protect
protestar to protest
prova proof
provar to prove
provável probable, likely
provavelmente probably
provir to come from; to result from
provisão *(f)* provision; supply
provisório temporary
proximidade *(f)* nearness, proximity
próximo/próxima near; next
prudente prudent

público public
punho fist
puxar to pull

Q

quadrado square
quadro painting
qualidade *(f)* quality
qualquer whoever; any; whichever; **qualquer coisa** anything
quando when; **desde quando?** since when?; **quando muito** at most
quantia amount
quantidade *(f)* quantity, amount
quanto whatever; **quanto?** how much?; **quanto antes** as soon as possible
quarto room; fourth; **o quarto de hora** quarter of an hour
quase almost
que that; which; **o que** who; **que . . . ?** what . . . ?; **que espécie de . . . ?** what kind of . . .
quê? what?; **o quê?** what?
quebrar to break
queda fall
queimado burned
queimar to burn
queixa complaint
queixar-se (de) to complain (about)
quente warm, hot
querelar to sue; to prosecute
querer to wish, want
querido/querida sweetheart
quieto still, quiet
quinta farm

R

rádio *(f)* radio
raio ray; bolt of lightning
raiva anger, rage; rabies
ralhar to scold
ramo branch *(of a tree)*
rapariga young woman
rapaz *(m)* young man
rapidamente rapidly, quickly
rapidez *(f)* quickness, rapidness

rápido *(adj)* rapid, fast
raro *(adj)* rare, scarce
rasgar to tear; to rip; **rasgar-se** to split
raso level, flat
rasto track *(as footprint)*
razão *(f)* reason *(faculty of thinking)*; cause *(as motive)*; **ter razão** to be right; **não ter razão** to be wrong, mistaken
razoável reasonable
real real; true; royal
realidade *(f)* reality
realizar to realize *(as to fulfill)*; **realizar-se** to take place
rebentar to burst, explode
recear to fear
receber to receive
receio fear
recente recent
recepção *(f)* reception (desk); front desk
recibo receipt; **passar recibo** to give a receipt
recipiente *(m)* recipient, receiver; container
reclamação *(f)* claim; protest
reclamar to protest; to file a complaint
reclamo advertisement
recolher to give shelter to
recomendação *(f)* recommendation
recomendar to recommend
recompensa repayment, compensation
recompensar to compensate, repay
reconhecer to recognize
recordar-se to remember, recollect
re(c)tificar to rectify, make right
recuar to back up; to go backwards
recuperar to recover
recusar to deny; **recusar-se** to refuse
rede *(f)* net(work)
redigir to compose *(as to write)*; to draft *(as a document)*; to draw up
redondo round
redução *(f)* reduction; discount
reduzir to reduce; to dim *(lights)*
reembolsar to reimburse; to repay

refeição *(f)* meal; **à refeição** during the meal; **refeição rápida** *(f)* fast food, quick meal; **pequena refeição** *(f)* small meal
referir-se a to refer to
refresco refreshment, cool drink
regatear to bargain, haggle
região *(f)* region; area
regressar to return *(as to come back)*, come back
regresso return; **viagem de regresso** return trip
regular regular; normal
rejeitar to reject
relação *(f)* relation; connection
relâmpago lightning
relativo a relating to
relato report
relatório report
religiosa nun
relógio watch; clock
relva grass, lawn
remédio remedy, medicine
remendar to mend, repair
renda rent; income, revenue
renovar to renovate, renew
reparação *(f)* reparation; repair
reparar to repair
repartição *(f)* distribution; allotment
repartir com (alguém) to share with (someone)
repetir to repeat
replicar to reply, answer
repousar to (lie at) rest; to relax
repouso rest, relaxation
representação *(f)* representation
rés-do-chão *(m)* ground floor
reservar to reserve
residência residence
resistente resistent
resolução *(f)* resolution
resolver to (re)solve; **resolver-se** to settle; **resolver um assunto** to settle a matter
respectivo respective
respeito respect; **sem respeito** without respect
respiração *(f)* breathing, respiration
responder to respond; to answer; **responder a** to respond to
responsável responsible

A/Z

resposta reply
ressonar to snore
restabelecer-se to recover one's health
restante remaining
restaurante *(m)* restaurant
restituir to give back
resto rest, remainder
resultado result
retirar-se to withdraw
retrete *(f)* toilet, bathroom
reunir to meet *(as to get together)*; to reunite
revista magazine; review; revue
rezar to pray
rico rich, wealthy; delicious
ridículo ridiculous
rigoroso rigorous, exacting
rio river
riqueza richness, wealth
rir to laugh
risco risk; danger
rocha rock
rochedo rocky cliff
rodada round of drinks
rodeio detour; roundabout way
roubar to rob, steal
roupa clothes; **mudar de roupa** to change clothes; **roupa de cama** bed clothes; **roupa interior** underwear; **roupa suja** dirty clothes
rua street; **na rua** outside, in the street
ruído noise

S

saber to know
saco bag, sack; **saco de papel** paper bag
sagrado sacred, holy
saída exit, way out
sair to leave, go out
sala living room; large room
salário pay, wages
saldo balance *(as remainder)*
saltar to jump
salvar to save rescue
santo/santa saint(ly)
são/sã *(m/f)* healthy
sapato shoe

satisfeito (com) satisfied (with); **ficar satisfeito com** to be(come) satisfied with
saudável healthful, healthy
saúde *(f)* health; **boa saúde** good health; **nocivo à saúde** harmful to one's health
se (1) *(sg ref pron)* itself; himself; oneself; *(pl ref pron)* themselves; *(for & s-for sg/pl ref pron)* yourself/ yourselves **(2)** *(conj)* if; whether
secar to dry
se(c)ção de perdidos e achados *(f)* lost and found department
seco dry
secreto *(adj)* secreto
sede *(f)* thirst; **ter sede** to be thirsty
segredo *(m)* secret; **em segredo** *(adv)* secretly
seguinte following, subsequent
seguir to follow; to come after
segundo (1) second; **em segundo lugar** in second place **(2)** *(prep)* according to
segurança safety; security
segurar to make safe; to insure
seguro sure; insurance
self-service *(m)* self-service
selo (postage) stamp
selva forest; jungle
selvagem savage, wild
sem without
semana week; **todas as semanas** every week
semanal weekly
semelhante similar
sempre always; forever; **desde sempre** always
senão rather, but; **não . . . senão** not . . . but (rather)
senda path
senhor Mr.
senhora Mrs.
Senhora D Mrs.
senhorita *(Br)* Miss
sensato sensible
sensível sensitive
sentado seated; **estar sentado** to be seated; **sentar-se** to sit down
sentido sense *(as feeling)*; **em sentido contrário** wrong way

sentimento sentiment, feeling (*emotion*)
sentir to feel; **sinto-me mal** I don't feel good
separado separate
separar to separate
ser to be; **ser de** to be from
serenar to calm
sério serious
sermão (*m*) sermon
serpente (*f*) serpent, snake
serviço service; **serviços** (*m pl*) offices (*governmental*)
servir to serve; **servir-se** to help oneself
seu (*m sg poss adj*) his; hers; its; their; theirs; (*for & s-for m sg poss adj*) your, yours
severo severe
sexo sex
significação (*f*) meaning, significance
significado meaning, sense
significar to mean, signify
silêncio silence
silvestre wild, untame
sim yes; **mas sim** of course
simpático nice, charming, attractive
simples simple
sinal (*m*) signal, sign; **sinal de alarme de incêndio** (*m*) fire alarm
singular singular; peculiar
sítio place, spot
situação (*f*) situation
snack-bar (*m*) snack bar
só (*adv*) only; solely; (*adj*) alone; lonely
soalheiro sunny
sob under, beneath, below
sobrar to be or have left over
sobre on; over; above; on top of; concerning; **sobre tudo** above all
sobrinha niece
sobrinho nephew
sociedade (*f*) society
socorro assistance, help, aid; **primeiros socorros** first aid
sol (*m*) sun; **cheio de sol** very sunny
solene solemn
soletrar to spell
sólido solid
solitário solitary

solo ground (*as earth*)
soltar to let loose; to (set) free
solteiro/solteira single, unmarried, bachelor/bachelorette
som (*m*) sound
soma sum, amount; **soma global** whole amount
somar to add up
sombra shadow; shade
sonhar to dream
sonho dream
sono sleep; **ter sono** to be sleepy
sorte (*f*) luck; **boa sorte** good luck
sorvete (*m*) (*Br*) ice cream
sossegado quiet, calm, peaceful
sotaque (*m*) accent (*speech*)
sozinho alone, by oneself
sua (*f sg poss adj*) his; her; its; their; theirs; (*f sg for & s-for poss adj*) your; yours
suar to sweat
suave soft; bland; mild; smooth
subir to get on(to); to climb up, go up
substituir to substitute, replace
subúrbios (*m pl*) suburbs
suceder to succeed; to happen
sucesso success; event
sucursal (*f*) branch (*of a company*)
suficiente sufficient, enough
sugestão (*f*) suggestion
Suíça Switzerland
suíço/suíça Swiss
sujidade (*f*) dirt(iness), filth(iness)
sujo dirty, filthy
sul (*m*) south; **ao sul de** (to the) south of; **do sul** southern
supérfluo superfluous
suplementar supplemental, supplementary
supor to suppose
suportar to support, bear
suposição (*f*) supposition
surpreendido surprised
suspeita suspicion

T

tabaco tobacco
tacho pan, pot
tal such, like

talão *(m)* stub *(as a ticket or check)* stub

talvez perhaps

tamanho size

também also; **também não** (n)either

tão...como as...as

tapar to cover (up), plug (up)

tarde *(f)* afternoon; **esta tarde** this afternoon; **à tardinha** at nightfall

taxa tax, tariff, fee; **taxas** *(f pl)* duty

táxi *(m)* taxi

tchau *(Br)* see you later, goodbye

te *(fam sg ref pron)* yourself; *(fam sg dir obj pron)* you; *(fam sg indir obj pron)* to you

tecido cloth, fabric

te(c)to ceiling

telefonar to phone, call *(by phone)*

temer to fear

tempestade *(f)* storm

tempo time; weather; **a tempo** on time; **ao mesmo tempo** at the same time; **durante algum tempo** for some time; **com este tempo** with this weather

temporariamente temporarily

tenazes *(f pl)* tongs

tencionar to plan; to intend

tenro tender

tentar to try, attempt

tentativa attempt

ter to have; **ter de/que** to have to

terceiro/terceira third; **em terceiro lugar** in third place

terço a third

termas *(f pl)* hot springs or baths

terminar to finish, end

terno tender *(as loving)*

terra earth, land; **terra natal** birthplace

terreno ground *(soil)*

terrível terrible

tesoura scissors

testemunha witness

testemunho testimony

teu *(m sg fam poss adj)* your

ti *(fam obj of prep)* you

tia aunt

time *(m) (Br)* team

tímido timid, shy

tinturaria dry cleaners

tio uncle

típico typical; traditional

tirar to take (out); to remove; **tirar uma fotografia** to take a picture

tiro shot

toca-discos *(m) (Br)* record player

tocar to touch; to play *(an instrument)*; **tocar a campainha** to ring the bell

todo/toda/todos/todas *(sg & pl adj)* all

tolo foolish, silly

tom *(m)* tone

tomar to take; to drink; **tomar banho** to take a bath; **tomar conta (de)** to take into account; to take care (of); **tomar nota (de alguma coisa)** to notice (something); **tomar o pequeno almoço** *(Br* **o café da manhã** to have breakfast

tornar to return; **tornar a ver** to see again; **tornar possível** to be(come) possible; **tornar-se** to become; to turn (into)

torneira faucet, tap

torrada toast

tossir to cough

total total, entire

totalmente totally, entirely, completely

touro bull

trabalhador worker

trabalhar to work

trabalho work

traduzir to translate

trago swallow, gulp

traje *(m)* clothes, apparel, attire

traje(c)to route

tranquilo *(Br* **tranqüilo)** calm, tranquil, peaceful

transferir to transfer

trânsito traffic; passage

transmissível transmissible

transmitir to transmit

transportar to transport

trapo rag; old clothes

trás *(prep & adv)* behind; after; **para trás** back(wards); **voltar para trás** to go back

tratamento treatment

tratar to deal with; **tratar de** to try to
travessia crossing
trazer to bring; to carry
tribunal *(m)* court *(of justice)*
tripulação *(f)* crew
triste sad
troca exchange; trade
trocar to exchange, trade, swap
troco change *(money)*; **dar troco**
to give change
trovoada thunder
tu *(fam sg subj pron)* you
tua *(f sg fam poss adj)* your(s)
tubo tube
tudo everything, all
túnel *(m)* tunnel
o Turismo Visitor's Center, Tourist
Center
turista *(m/f)* tourist; **grupo de
turistas** tour group
turvo/turva muddy, cloudy
último/última last; **em último
lugar** in last place

U

ultramar *(m)* overseas
ultrapassar to pass *(a car)*
um *(m sg)* one; **um a um** *(adv)* one
to one; **um e meio** one and a half
uma *(f sg)* one
unha nail *(of finger or toe)*
único unique; only
unificar to unify
unir to unite
urgente urgent
usar to use
uso use
usual usual, customary
útil useful; **nos dias úteis** (on)
weekdays
utilização *(f)* utilization
utilizar to utilize, use

V

vaca cow; **carne de vaca** beef
vago vacant, empty, unoccupied

vale *(m)* money order; valley
valer to be worth, cost; **valer muito**
to be worth or cost a lot
validade *(f)* validity; **sem validade** worthless
válido valid; **ser válido/válida** to
be valid
valor *(m)* value; **sem valor**
worthless
vantagem *(f)* advantage
vantajoso advantageous
vão useless; **em vão** in vain; **em
vão** to no avail
vara rod, pole, stick
variado varied
variável variable
vaso vase; flowerpot
vátio watt
vazio empty
vela candle; spark plug; sail
velho old
velocidade *(f)* speed, velocity
vencer to defeat
venda sale; **está à venda** it's for sale
vender to sell
veneno poison
venenoso poisonous
ventilar to air out, ventilate
ventoso windy, breezy
ver to see
verdade *(f)* truth; **não é verdade?** isn't that so (true)?; **para
dizer a verdade** *(adv)* to tell the
truth
verdadeiro true
verificar to verify, confirm
verme *(m)* worm
vertigem *(f)* dizziness; **com vertigens** dizzy; **ter vertigens** to be
dizzy
vespa wasp
vestígio vestige
vestir dress, to; **vestir-se** to get
dressed
vestuário clothing, apparel
vez *(f)* time *(occasion)*; **uma vez**
once; **duas vezes** twice; **muitas
vezes** often; **raras vezes** seldom;
cada vez each (every) time; **outra
vez** again; **todas as vezes** always;
de vez em quando once in a while,
occasionally; **em vez de** instead of

viagem *(f)* trip; voyage; **viagem de regresso** return trip
viajante *(m/f)* traveler
viajar to travel; **ir viajar** to go traveling, take a trip
vida life
vidraça windowpane
vidro glass
vigarice *(f)* swindle
vigiar to watch (over), guard
vila small town
vinha vineyard
violar to violate; to rape
violentar to rape; to attack forcibly
vir to come; **vir a propósito** to suit one's purpose; to come at the right time
virar to turn (upside down); **virar à direita** to turn to the right; **virar à esquerda** to turn to the left
visita visit
visitar to visit
visível visible
vista view, sight; vision
vítima victim; **ser vítima dum acidente** to be a victim of an accident
vitrina *(Br)* store window, showcase
vivenda house
viver to live
vivo (a)live
vizinho/vizinha neighbor
voar to fly
você *(sg s-for pers pron)* you; **vocês** *(pl s-for pers pron)* you; **a vocês** to you

volt volt
volta turn(ing); **em volta de** around; **olhar em volta** to look around
voltar to return; **voltar (para) atrás** to go back; **voltar (de carro)** to return (by car)
vóltio volt
volume *(m)* volume
vontade *(f)* will, wish, desire; **à vontade** at ease; **à vontade** comfortable *(as at ease)*; **sentir-se à vontade** to feel at home; **contra vontade** against one's will; **de boa vontade** willingly; **de má vontade** unwillingly
vosso/vossa *(fam pl poss adj)* your(s)
votar to vote
voz *(f)* voice
vulgar common *(as ordinary)*, coarse *(as unrefined)*

W

watt *(m)* watt

Z

zangado angry, angered

Notes